Einsterns Schwester

4

Themenheft 4

⭐ Lesen – mit Texten und weiteren Medien umgehen

Herausgegeben von
Roland Bauer, Jutta Maurach

Erarbeitet von
Wiebke Gerstenmaier, Sonja Grimm

In Zusammenarbeit mit
der Redaktion Grundschule Deutsch 2–4

Cornelsen

Inhaltsverzeichnis

Ich bin Lola und helfe dir mit Profitipps.

So kannst du mit den Heften arbeiten

Du machst alle
Seiten der Lernportion 1.

Zuerst im
grünen Heft.

Dann im
roten Heft.

Dann im
gelben Heft.

Und dann im
blauen Heft.

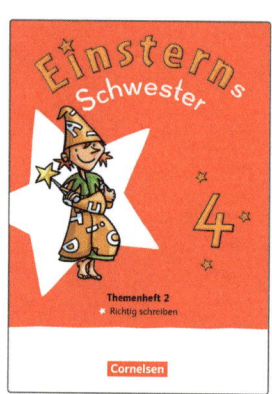

Danach machst du in
allen Heften die Lernportion 2.

Nun machst du in
allen Heften die Lernportion 3.

In diesem Heft
kannst du den
Grundwortschatz
vertiefend üben.

Genauso bearbeitest du
alle anderen Lernportionen.

① Finde in jedem Wort den Anfangsbuchstaben.
Folge den Linien mit den Augen.
Schreibe die Wörter auf.

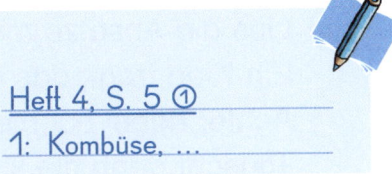
Heft 4, S. 5 ①
1: Kombüse, ...

1

M
K — O
B
Ü — S — E

2

CK
R
B
E
Ü

3

L — E — R
I — N
G

4

E
SCH
AU
R
B

5

A
K
K
A — J

6

K
E
P
N
H
O
L
L
N
Z
A

7

G — L
I
FF
SCH
S
O
E
CK

8

A
R
R
D
ST
EU
E

Ein Wort,
das von vorn und
von hinten gelesen gleich
bleibt, heißt **Palindrom**.
Findest du es?

② Folge den Pfeilen und lies Wort für Wort.
Lies einem Partnerkind vor.

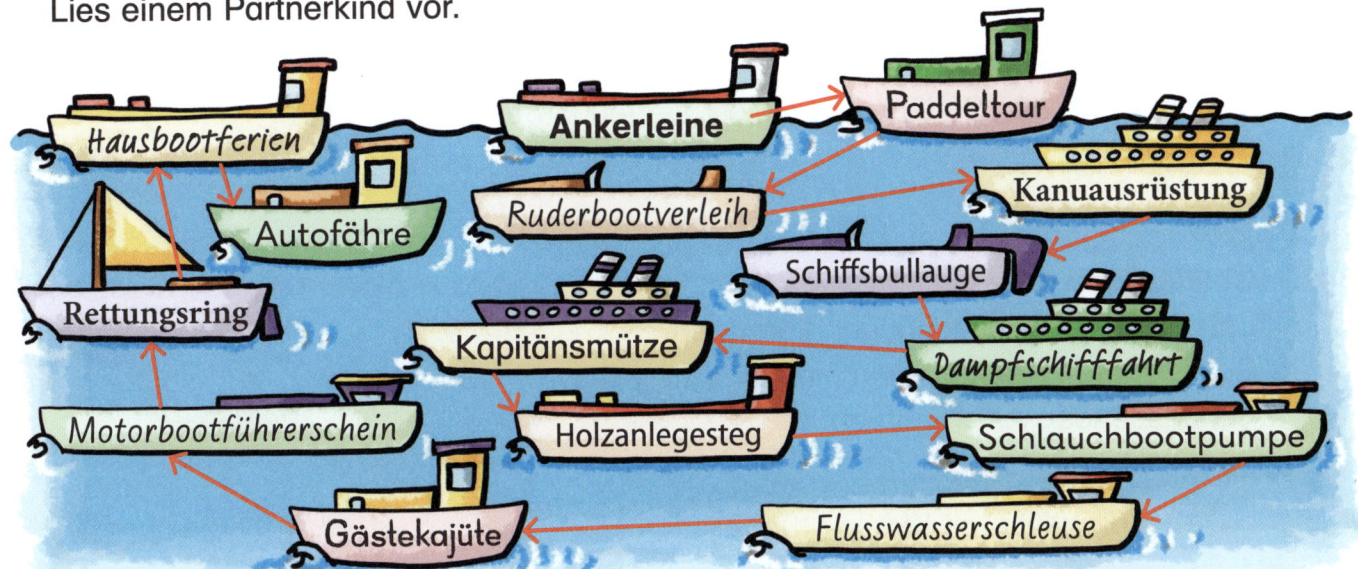

Hausbootferien
Ankerleine
Paddeltour
Kanuausrüstung
Autofähre
Ruderbootverleih
Schiffsbullauge
Rettungsring
Kapitänsmütze
Dampfschifffahrt
Motorbootführerschein
Holzanlegesteg
Schlauchbootpumpe
Gästekajüte
Flusswasserschleuse

Lernportion 1: Lesen trainieren

MK-Tipp: unbekannte Begriffe mit Hilfe einer Kindersuchmaschine im Internet recherchieren

1 Lies die Absätze mit einem Partnerkind.
Ein Kind fragt, das andere antwortet.
Achtet dabei auf die richtige Betonung der **fett gedruckten** Wörter.
Tauscht dann die Rollen.

> Möchtest du ein Brötchen mit **Honig**? – Nein, ich möchte ein Brötchen mit **Käse**.
> Möchtest du ein **Brot** mit Käse? – Nein, ich möchte ein **Brötchen** mit Käse.
> Möchtest du **zwei** Brötchen mit Käse? – Nein, ich möchte **ein** Brötchen mit Käse.

> Hast du eine **schwarze** Katze? – Nein, ich habe eine **weiße** Katze.
> Hast du einen weißen **Hund**? – Nein, ich habe eine weiße **Katze**.
> Hat **Tina** eine weiße Katze? – Nein, **ich** habe eine weiße Katze.

2 Lest die Fragen und Antworten zuerst leise.
Überlegt, welches Wort in der Antwort betont wird.
Lest nun abwechselnd mit verteilten Rollen.

> Streitest du oft mit Emil? – Nein, Emil ist mein bester Freund.
> Magst du Murat aus der 4b am liebsten? – Nein, Emil ist mein bester Freund.
> Ist Emil Maliks bester Freund? – Nein, Emil ist mein bester Freund.

> Fahrt ihr morgen in den Urlaub? – Nein, wir fahren nächste Woche in den Urlaub.
> Fahrt ihr in die Berge? – Nein, wir fahren ans Meer.
> Fahrt ihr in den Süden? – Nein, wir fliegen in den Süden.

3 Überlegt, wie sich die Frage durch
unterschiedliche Betonungen verändert.
Schreibt die verschiedenen Möglichkeiten
mit passenden Antworten auf.

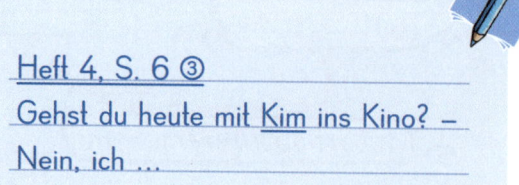

Heft 4, S. 6 ③
Gehst du heute mit Kim ins Kino? –
Nein, ich …

> Gehst du heute mit Kim ins Kino?

① Lies den Text in der richtigen Reihenfolge.
Die Buchstaben am Rand ergeben dann den Namen
eines pflanzenfressenden Dinosauriers.

T	Die Zeit, in der die Dinosaurier die Erde beherrschten, wird
I	Jahren riesige Echsen mit langen Hälsen in Sümpfen und
R	Erdmittelalter genannt. Hier lebten vor etwa 200 Millionen
C	Wäldern. Diese Landlebewesen, zu denen auch der gigantische
R	ernährten sich von Farnblättern, Sumpfpflanzen oder den Ästen
E	Brontosaurus zählt, waren friedliche Pflanzenfresser (Herbivoren). Sie
T	flinke kleine Saurier, aber auch große Raubsaurier mit messerscharfen
A	hoher Nadelbäume. Unter den Fleischfressern (Karnivoren) gab es
P	zogen Flugsaurier ihre Bahnen und hielten nach Beute wie
O	Zähnen und spitzen Krallen, wie den Allosaurus. Am Himmel
S	Meerestiere oder kleineren Echsen Ausschau.

② Lies den Text einem Partnerkind so vor, dass es nicht merkt,
wenn du in eine neue Zeile wechselst.

③ Löse das Silbenrätsel mit Hilfe des Textes aus ①.
Nutze dazu die Silben im gelben Kasten.

A	Zeit, in der die Dinosaurier lebten
B	lebte vor etwa 200 Millionen Jahren
C	werden auch Herbivoren genannt
D	Bezeichnung für die Fleischfresser
E	Raubsaurier mit messerscharfen Zähnen
F	Beute von Flugsauriern

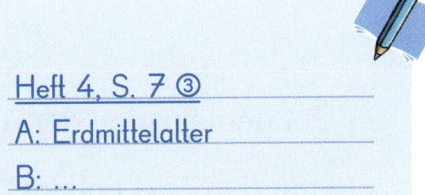

Heft 4, S. 7 ③
A: Erdmittelalter
B: ...

SAU PFLAN MIT VO
RUS LO NI REN
TER TO RES SAU
TEL AL RUS
SER BRON FRES
KAR MEE ZEN TIE
AL RE ERD

① Lies den Text.

Tyrannja Vamperl

1   Unter einer Hexe stellen sich die meisten Leute ein
runzeliges, dürres altes Weiblein vor, das einen großen
Buckel auf dem Rücken schleppt, viele borstige Warzen
im Gesicht und nur einen einzigen langen Zahn im Mund hat.

5   Aber heutzutage sehen Hexen meist ganz anders aus.
Tyrannja Vamperl war jedenfalls das genaue Gegenteil von all dem.
Ihre Garderobe bestand aus einem schwefelgelben Abendkleid mit
allerhand schwarzen Streifen, sodass sie wie eine überdimensionale
Hornisse aussah. (Schwefelgelb war nämlich ihre Lieblingsfarbe.)

10   Sie war über und über mit Schmuck und Juwelen behängt, sogar
ihre Zähne waren aus Gold, mit blitzenden Brillanten als Plomben.
Sogar ihre langen Fingernägel waren vergoldet.
Auf ihrem Kopf saß ein Hut von der Größe eines Autoreifens,
an dessen Krempe Hunderte von Geldstücken klimperten.

15   Ihr Gesicht war so stark geschminkt, dass es einer kosmetischen
Schaufensterauslage glich. Als Handtäschchen trug sie einen
kleinen Tresor mit Nummernschloss unter dem Arm. ◇

Michael Ende

② Übt gemeinsam, den Text zu lesen.

a) Lest den Text halblaut **gemeinsam** im Chor.
Wiederholt Stellen, bei denen ihr euch verlesen habt.

b) Lest den Text **abwechselnd**.
Ein Kind beginnt zu lesen und hört an einer beliebigen Stelle auf. Das andere Kind
liest nun weiter und stoppt ebenfalls an einer beliebigen Stelle und so weiter.

c) Lest euch den Text halblaut **gegenseitig** vor.

③ Schätze ein, wie flüssig dein Partnerkind den Text aus ① lesen kann.

① Ordne jedem Text das passende Bild zu.
So erhältst du ein Lösungswort.

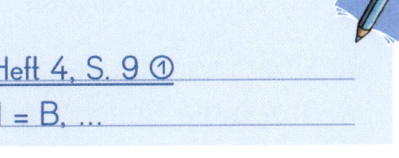
Heft 4, S. 9 ①
1 = B, ...

ein weißes Gummibärchen, ein grünes Gummibärchen, ein gelbes Gummibärchen, ein blauer Gummibert, aber kein rotes Gummibärchen **1**	 E
ein weißes Gummibärchen, ein rotes Gummibärchen, ein grünes Gummibärchen, ein gelbes Gummibärchen, aber kein Gummibert **2**	 C
ein lila Gummibert, ein rotes Gummibärchen, ein grünes Gummibärchen, ein weißes Gummibärchen, aber kein gelbes Gummibärchen **3**	 B
ein grünes Gummibärchen, ein weißes Gummibärchen, ein rosa Gummibert, ein rotes Gummibärchen, aber kein gelbes Gummibärchen **4**	 E
ein grünes Gummibärchen, ein rosa Gummibert, ein rotes Gummibärchen, ein gelbes Gummibärchen, aber kein weißes Gummibärchen **5**	 N
ein weißes Gummibärchen, ein rotes Gummibärchen, ein gelbes Gummibärchen, ein lila Gummibert, aber kein grünes Gummibärchen **6**	 A
ein blauer Gummibert, ein gelbes Gummibärchen, ein rotes Gummibärchen, ein grünes Gummibärchen, aber kein weißes Gummibärchen **7**	 H
ein grünes Gummibärchen, ein weißes Gummibärchen, ein oranger Gummibert, ein gelbes Gummibärchen, aber kein rotes Gummibärchen **8**	 R

1 Löse das Leserätsel.

a Übertrage die Zeichnung auf ein DIN-A4-Blatt.
Trage die Beschriftung daneben ein.

b Lies die Sätze.
Zeichne die Instrumente und Tiere
richtig in das Haus ein.
Schreibe die Namen der Bewohner
auf die Namensschilder.

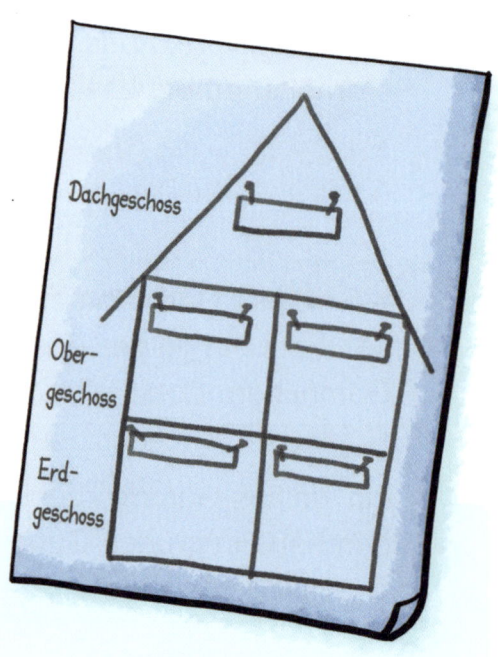

⭐ Die Bewohner des Hauses heißen
Hansen, Rahman, Malinsky, Meier und Tran.

⭐ Herr Hansen kann keine Treppen steigen.

⭐ Die Wohnung mit der Katze ist nicht neben der Wohnung mit der Schildkröte.

⭐ In der Erdgeschosswohnung unten links steht ein Vogelkäfig.

⭐ Herr Tran wohnt im Obergeschoss, aber nicht über Herrn Hansen.

⭐ Die Wohnung mit den Fischen ist direkt über den Wohnungen
mit der Katze und dem Hund.

⭐ Außer dem Dirigenten spielen die Herren des Hauses
Klavier, Gitarre, Geige und Trompete.

⭐ In der Erdgeschosswohnung unten rechts
wohnt Herr Meier.

⭐ Herr Malinsky liebt Katzen.

⭐ Herr Rahman hat ein Aquarium.

⭐ Herr Meier mag keine Saiteninstrumente.

⭐ Der Herr in der Dachwohnung spielt Klavier.

⭐ Der Bewohner der rechten Obergeschosswohnung
spielt weder Geige noch Trompete.

⭐ Herr Hansen ist Dirigent.

> Finde **den eindeutigen Satz**, mit dem du beginnen kannst. Decke erledigte Sätze mit Stiften ab.

So bekomme ich vor dem Lesen einen Überblick über den Text:

1. Ich lese die **Überschrift** und sehe mir die **Bilder** an.
   So erhalte ich erste Informationen zum Textinhalt.

2. Ich überlege, **worum es** in dem Text **gehen könnte** und
   was ich zu dem Thema schon weiß.

3. Ich lese die **Zwischenüberschriften** und überfliege die **Absätze**.
   Eine Zwischenüberschrift informiert meist über den Inhalt des
   folgenden Absatzes. Beim Überfliegen des Textes rutsche ich
   mit den Augen von Zeile zu Zeile und lese nicht jedes Wort.

① Sieh dir die Bilder an.
   Wähle die passenden Bildunterschriften aus.
   Schreibe sie auf.

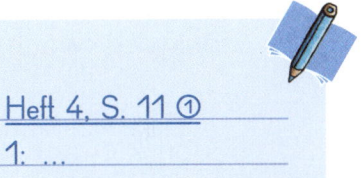

Heft 4, S. 11 ①
1: ...

Faultier	Dschungel	Artenschutz	Landhaus
Orang-Utan	Nadelwald	Zerstörung	Hochhaus
Baumriese	Steppe	Schlosspark	Baumhaus

② Verschaffe dir einen Überblick über den Text auf Seite 12.
   Nutze dazu die Hinweise aus dem Kasten oben.
   Schreibe auf, worum es im Text vermutlich geht.

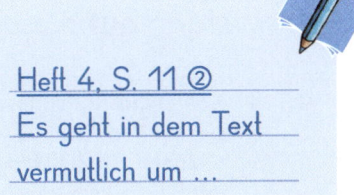

Heft 4, S. 11 ②
Es geht in dem Text
vermutlich um ...

Die grüne Lunge unserer Erde

1 **Die Verbreitung der Regenwälder**

Die Regenwälder der Erde erstrecken sich entlang des **Äquators** in Süd- und
Mittelamerika, Afrika, Asien und Australien. Hier ist es das ganze Jahr über
feucht und die Pflanzen wachsen in Hülle und Fülle. Etwa drei Viertel aller Tier-
5 und Pflanzenarten kommen im Regenwald vor. Jahreszeiten wie bei uns gibt es
in den **Tropen** nicht.

Wie Stockwerke eines Hauses

Tropische Regenwälder sind in mehreren **Etagen** aufgebaut. Dies sind Schichten
aus Pflanzen, die wie Stockwerke eines Hauses in die Höhe ragen. Im untersten
10 Stockwerk wachsen kleine Pflanzen wie Kräuter, Farne und Sträucher, die mit
wenig Licht auskommen. Im mittleren Stockwerk ist es noch sehr schattig. Hier
finden kleinere oder jüngere Bäume ihren Platz. Eine Schicht darüber befindet sich
das Kronendach mit Bäumen bis zu 45 Metern Höhe. Das krönende Dschungel-
dach bilden einzelne Baumriesen, die bis zu 60 Meter hoch werden können.
15 Dies entspricht in etwa dem 20. Stock eines Hochhauses.

Im Kronendach ist es oft extrem laut, da in diesem Stockwerk die meisten Tiere
zu Hause sind. Neben den bekanntesten Urwaldbewohnern wie Orang-Utans,
Jaguaren, Papageien, Elefanten oder Faultieren leben noch viele unentdeckte
Arten im schützenden Dickicht des Dschungels. Aber der Lebensraum der Tiere
20 wird immer kleiner und so sind viele Tierarten vom Aussterben bedroht.

Die Regenwälder werden oft als grüne Lunge der Erde bezeichnet. Sie sind für
das Weltklima sehr bedeutsam, da sie große Mengen an Kohlendioxid[1] in lebens-
notwendigen Sauerstoff umwandeln und in die Luft abgeben. Doch immer mehr
Regenwaldflächen werden unwiderruflich zerstört. Der Urwald muss oft Platz für
25 Straßen, Ackerflächen oder große **Plantagen** machen. Hier werden dann Bananen,
Kaffee, Kakao, **Kautschuk** oder andere Pflanzen angebaut. Doch einmal zerstört,
werden auf diesen Flächen nie wieder Urwaldpflanzen wachsen können.

---

1 Kohlendioxid: farbloses und geruchloses Gas. Es entsteht
bei der Verbrennung von Holz, Kohle, Öl oder Benzin.
Gelangen große Mengen in die Lufthülle der Erde,
wird diese immer mehr zerstört.

Fremdwörter und
Fachbegriffe werden oft mit
Fußnoten (Wort[1] oder Wort*) versehen.
Die Worterklärung steht dann
unter dem Text.

1 Lies den Text auf Seite 12.
Beantworte folgende Fragen.

a Welches Bild auf Seite 11 passt nicht zum Textinhalt?

b In wie viele Absätze ist der Text gegliedert?

c Welches Bild passt zu welchem Absatz?
Ordne die verbleibenden drei Bilder richtig zu.

> Heft 4, S. 13 ①
> a) Bild Nr. …
> b) Der Text ist in …
> c) Bild 1 – Absatz …

2 Zum ersten Absatz gibt es kein Bild.
Zeichne auf einem Blatt Papier ein passendes Bild oder drucke ein Foto aus.

3 Die Absätze 3 und 4 haben noch keine
Zwischenüberschriften.

a Wähle eine passende Zwischenüberschrift
für Absatz 3 aus:

> Heft 4, S. 13 ③
> a) zu Absatz 3: …
> b) …

| Ein Lebensraum für viele Tiere |

| Ein ganz besonderes Tier |

b Formuliere eine Zwischenüberschrift für Absatz 4.

4 Besprecht, ob eure Vermutungen zum Text stimmten
und was ihr Neues erfahren habt.
Nutzt dafür eure Notizen zu Seite 11.

1 Im Text über die Regenwälder auf Seite 12 sind Fremdwörter **fett gedruckt**.

a Ein Fremdwort wird bereits im zweiten Absatz erklärt. Finde es und schreibe die Erklärung in dein Heft.

b Lies die Fußnote des Textes. Schreibe mit eigenen Worten eine Erklärung für das Wort auf.

Heft 4, S. 14 ①
a) Etagen sind …
b) …
c) Tropen: …

c Schlage in einem Lexikon die folgenden Wörter nach oder nutze eine Kindersuchmaschine. Lies die Wortbedeutungen und schreibe für dich verständliche Erklärungen auf.

Tropen

Äquator

Plantage

Kautschuk

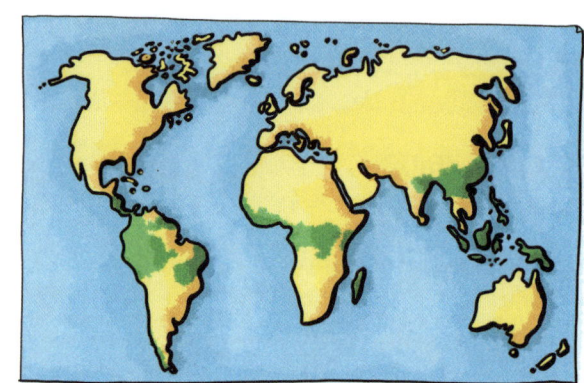

2 Wähle aus, welche Worterklärung stimmt.

A In den Zeilen 17–19 steht, dass viele Tiere im schützenden Dickicht des Dschungels leben.

Heft 4, S. 14 ②
A: im schützenden Dickicht
= …

Dies bedeutet: im dichten Gebüsch

im hohen Grasland

im verborgenen Erdreich

B In Zeile 24 steht, dass immer mehr Regenwaldflächen unwiderruflich zerstört werden.

Dies bedeutet: niemals

für immer

reparierbar

Die Erklärung muss zum Sinn des Satzes passen.

1 Lies den Text.

Schmeckt gut – tut gut?

1 Was trinkst du am liebsten?
Kaffee bestimmt nicht – aber wenn du erwachsen
bist, könnte das dein Lieblingsgetränk sein.
Bis zu vier Tassen pro Tag trinken Erwachsene,
5 und das ergibt im Lauf des Lebens 88 533 Tassen
oder 89 Badewannen voll. Da kommt kein
anderes Getränk mit.
Auf Platz zwei der Getränke steht Wasser
in Flaschen, mit oder ohne Kohlensäure.
10 12 128 Liter davon werden gekauft – eigentlich
seltsam. Wir könnten auch einfach den
Wasserhahn aufdrehen und bekämen Wasser
in Topqualität.
Du trinkst vielleicht auch gern Getränke, die auf Platz 5 stehen:
15 Limonade und Cola. Die sollte man eigentlich nicht als Durstlöscher
einsetzen, denn sie enthalten viel Zucker – ein Liter normale Cola
enthält zum Beispiel 36 Stück Würfelzucker. ◇

Christoph Drösser

2 Ergänze die Aussagen mit Informationen
aus dem Text oder der Grafik.

Heft 4, S. 15 ②
A: Auf Platz vier der ...

A Auf Platz vier der beliebtesten Getränke steht ▮.

B In ▮ sind 36 Stück Würfelzucker enthalten.

C Im Laufe eines Lebens trinkt ein Erwachsener in Deutschland
89 Badewannen voll ▮.

D ▮ wird in Deutschland am wenigsten getrunken.

3 Besprecht, welche Lieblingsgetränke ihr habt und ob sie gesund sind.
Tauscht euch darüber aus, warum es besser ist, ungesüßte Getränke zu trinken.

(1) Lies den Text.

Virtuelles Wasser

1   Aus unserem Wasserhahn in der Küche und im Bad kommt
sehr sauberes Trinkwasser. Aber nur einen winzigen Teil davon
trinken wir tatsächlich. Im Laufe unseres Lebens verbrauchen
wir 3 650 000 Liter Wasser. Doch den Großteil dieses Wassers

5   bekommen wir nie zu sehen. Er wird für die Herstellung von
Produkten und Lebensmitteln verwendet. Man nennt das
„virtuelles Wasser". Davon nutzen wir erheblich mehr, als wir
denken. In einem Auto stecken 400 000 Liter virtuelles Wasser,
in einer Tasse Kaffee 140 Liter. Der virtuelle Wasserverbrauch

10 im Laufe unseres Lebens könnte etwa 46 große Schwimmbäder
füllen. Unser Wasserverbrauch zu Hause zusammen mit
dem virtuellen Wasserverbrauch ergibt unseren persönlichen
„Wasserfußabdruck". ◇

Christoph Drösser

140 Liter	2 400 Liter	4 400 Liter	20 000 Liter	400 000 Liter
Tasse Kaffee	Hamburger	Pullover	Computer	Auto

(2) Finde Informationen zu den Stichwörtern im Text
und im Diagramm. Schreibe passende Sätze auf.

Heft 4, S. 16 ②
Virtuelles Wasser
A: Im Laufe unseres Lebens ...

A	3 650 000 Liter

B	Verbrauch bei Herstellung eines Pullovers

C	in ihm stecken 2 400 Liter

D	Produktion verbraucht am meisten virtuelles Wasser

E	Erklärung „Wasserfußabdruck"

 (3) Findet heraus, wie ihr virtuelles Wasser sparen könnt.
Besprecht, was ihr davon umsetzen könnt.

Lernportion 2: Texte verstehen

16 **MK-Tipp:** mit Hilfe einer Kindersuchmaschine recherchieren, was virtuelles Wasser ist und wie es gespart werden kann

(1) Lies den Text.

Anne Wafula Strike
Paralympikerin

1   Es geschah einmal in Kenia, dass ein zwei Jahre
    altes Mädchen namens Anne (sprich: Änn) schwer
    krank wurde. Ihre besorgten Eltern brachten sie
    in ein Krankenhaus. Als sie wieder entlassen wurde,
5   konnte sie nicht mehr laufen. Sie hatte sich mit Polio (Kinderlähmung) infiziert
    und war von der Taille abwärts gelähmt.

    Ihr Körper funktionierte jetzt anders als vorher, doch Anne weigerte sich, immer
    still zu sitzen. Sie lernte es, mit Krücken zu gehen, und ihr Vater fand eine
    spezielle Schule für Kinder mit Behinderungen. Anne war eine ausgezeichnete
10 Schülerin und wurde die Erste in der Familie, die eine Universität besuchte.

    Als Anne später in Kenia an einer Schule unterrichtete, verliebte sie sich
    in einen Kollegen namens Norman. Die beiden beschlossen zu heiraten und
    nach Essex in England zu ziehen, wo Norman herstammte.

    Eines Tages, während sie im Stadion ihrer Stadt in ihrem Rollstuhl eine Runde
15 nach der anderen drehte, fiel Anne einer Trainerin auf. Die Frau sprach sie an
    und fragte, ob sie je bei einem Wettrennen mitgemacht habe. Es zeigte sich,
    dass sie schnell war, sehr schnell. Zwei Jahre später in Athen nahm Anne als
    erste Ostafrikanerin am Rollstuhlsprint-Wettbewerb der Paralympics teil.

    2006 nahm Anne die britische Staatsbürgerschaft an. Im nächsten Jahr
20 gewann sie bei der Leichtathletik-Weltmeisterschaft für Menschen mit
    Beeinträchtigungen eine Bronzemedaille für Großbritannien. ◇

Elena Favilli und Francesca Cavallo

(2) Gib den Textinhalt mit eigenen Worten wieder.

a) Lies Absatz für Absatz.

b) Notiere zu jedem Absatz wichtige Wörter.

c) Schreibe zu jedem Absatz mit Hilfe deiner Wörter ein oder zwei Sätze auf.

Heft 4, S. 17 ②

b) ...

1 Lies die Seite aus einer Kinderzeitschrift.

Alles spitze mit *Lakritze*

Platt und rund als Schnecke aufgerollt, bunt mit Zuckerpaste ummantelt oder in Kombination mit Fruchtgummi als Konfekt: Lakritz gibt es in vielen Farben und Formen.

Erfunden wurde die leckere Nascherei von einem englischen Apotheker im 18. Jahrhundert. Rohstoff für alle Lakritzprodukte sind die getrockneten Wurzeln des Süßholzstrauches. Die Wurzeln werden gewaschen, geschält und nach dem Trocknen fein geraspelt. Wenn man sie aufkocht, erhält man eine schwarze, zähflüssige Masse. Diese Flüssigkeit wird in große, fünf Kilogramm schwere Blöcke gegossen.

Dieses Rohlakritz wird dann verpackt und zu den Süßigkeitenherstellern verschickt. Die Hersteller lösen die harten Blöcke wieder auf, geben andere Zutaten wie Zucker, Weizenmehl, Glukosesirup und manchmal auch verschiedene Aromastoffe hinzu und gießen das Lakritz in eine neue Form.

Verfeinert und verziert landet diese Leckerei schließlich in der Tüte.

Eine Schnecke fiel in einen 21 Meter tiefen Brunnen. Emsig machte sie sich an die Arbeit, wieder aus dem Schacht herauszukriechen. Sie schaffte täglich sieben Meter, rutschte aber in der Nacht wieder vier Meter zurück. Wann erreichte sie den Brunnenrand?

Nach der fünften Nacht stand die Schnecke bei 15 Meter, sie kriecht also am sechsten Tag über den Brunnenrand.

Anzeige

Schneck-Lakritz –
der Wickel-Snack!

Immer nur süß? – Wie langweilig!
Nur salzig? – Wie öde!

Schneck-Lakritz –
für vielseitige Kids!

Nichts für Langeweiler!

Lakritz-Witz
Fritzchen möchte im Laden für 50 Cent Lakritz kaufen. Die Verkäuferin klettert mühsam eine Leiter hinauf und holt das Glas aus dem obersten Regal. Da kommt Erna dazu. „Magst du auch für 50 Cent Lakritz?", fragt die Verkäuferin von oben. Erna verneint. Die Verkäuferin steigt ächzend die Leiter herunter und gibt Fritzchen das Lakritz. „Und was möchtest du, Erna?", fragt die Verkäuferin. „Ich möchte für einen Euro Lakritz", meint Erna.

② Notiere zu den Beschreibungen die richtige Textsorte.

Rätsel	Sachtexte	Werbetexte	Witze

Heft 4, S. 19 ②
A: ...

> **A** Sie dienen der Information und stellen Tatsachen und Fakten sachlich und neutral dar. Man findet sie zum Beispiel in Sachbüchern, Zeitschriften und im Internet.

> **B** Mit ihnen möchten Firmen auf ihre Produkte aufmerksam machen und ihre Kundschaft überzeugen. Manchmal werden aber auch falsche Versprechungen gemacht und sprachliche Tricks angewendet. Werbung findet man fast überall: zum Beispiel in Zeitschriften, im Fernsehen, Radio und Internet, auf Bussen, auf Plakaten in den Straßen und auf Sportkleidung.

> **C** Sie dienen der Unterhaltung. Sie sind kurz und haben einen lustigen Höhepunkt. Oft kommen typische Charaktere oder besondere Namen vor. Man findet sie in Witzebüchern, Zeitschriften und Kalendern, vor allem aber werden sie mündlich weitergegeben.

> **D** Das sind Denkaufgaben, bei denen jemand die Lösung auf eine Fragestellung finden oder erraten muss. Sie dienen der Unterhaltung und stehen in Rätselbüchern, Zeitschriften, im Internet oder werden mündlich gestellt.

③ Überlege, welcher der Texte auf Seite 18 zu den Beschreibungen aus ② passt.

④ Beantworte die W-Fragen in ganzen Sätzen.
– **Was** will Werbung?
– **Wo** findet man Werbung?
– **Wer** beauftragt die Werbung?

Heft 4, S. 19 ④
Werbung will ...

 ⑤ Besprecht gemeinsam:
– Welche Werbung gefällt euch und warum?
– Wolltest du schon einmal etwas haben, weil du es in der Werbung gesehen oder gehört hast?

Achtung!
Werbung weckt Wünsche und beeinflusst, was wir kaufen.

① Finde heraus, welche vier Begriffe auf dieser Lexikonseite erklärt werden.

Heft 4, S. 20 ①
■ = ...

C

Das ■ ist der Arbeitsplatz von Piloten und Pilotinnen und befindet sich vorne im Flugzeug. Von dort aus steuern sie das Flugzeug. Auf großen Luftschiffen nennt man das ■ wie bei einem richtigen Schiff die Kommandobrücke.

Das Wort ■ kommt aus dem Englischen und bedeutet eigentlich „Rechner". ■ sind Maschinen, die Daten speichern, verarbeiten und Berechnungen anstellen. Damit sie die richtigen Schritte in der richtigen Reihenfolge ausführen, müssen Menschen die ■ programmieren. Sie notieren Befehle in einer Art Sprache, die die Maschine in elektrische Zeichen umwandelt und ausführt. ■ sind heutzutage nahezu überall eingebaut.

Der Name dieser Bildergeschichten ist englisch und lautet eigentlich „■ strip", was „lustiger Streifen" bedeutet. Diese bestehen aus einzelnen Bildern. Was eine Figur sagt oder denkt, steht in Sprechblasen oder Denkblasen. Auch Laute für Geräusche werden aufgeschrieben, z. B. „Zisch".

Das englische Wort ■ heißt auf Deutsch übersetzt „Behälter". Darin wird z. B. Müll gesammelt. Andere ■ sind riesige Transportkisten für Waren, die weltweit dieselben Maße haben. So können sie mit Kränen leicht vom Lkw auf die Züge, Schiffe oder sogar in Flugzeuge verladen werden.

② Wähle ein Stichwort. Schreibe einen eigenen Lexikontext.

| Astronaut | Fingerabdruck | Pizza |

| Bibliothek | Orchester | ... |

Heft 4, S. 20 ②
...

ein Detektiv

Ein **Mhmhmh** ist jemand, der von Leuten beauftragt wird, Dinge über Personen herauszufinden oder sie zu überwachen.

③

① Lies den Zeitungsartikel.

Verfängliche Linien
Jeder Fingerabdruck ist einzigartig – doch warum haben die Finger überhaupt Rillen?

VON REGINE WARTH

Diese Linien und Buchten, Schlaufen und Rillen sind einzigartig – und damit sehr verräterisch. Jeder Mensch kann an den sogenannten Papillarlinien an seinen Fingern und auf der Handinnenfläche ausgemacht werden. Das ist der Grund, warum beispielsweise Diebe Handschuhe tragen, wenn sie etwas stehlen – damit ihnen keiner auf die Schliche kommt. Erst recht nicht die Polizisten, die an Tatorten vor allem nach einem suchen: nach verräterischen Fingerabdrücken. Schuld an dem verfänglichen Muster der Finger, das jeder Mensch auf allem hinterlässt, was er anfasst, ist eine Mischung aus Schweiß, Fett und Talg. Wie Stempel drücken die Finger bei jeder Berührung diese fast unsichtbare Mischung auf Türklinken, Stuhllehnen und Becher – und damit auch das Muster der Fingerrillen. Es braucht lediglich etwas Rußpulver, das Polizisten mit einem Pinsel auftragen, um den Abdruck sichtbar zu machen. Denn das Gemisch aus Talg und Schweiß wirkt wie ein Klebstoff, an dem das feine Pulver hängen bleibt.

Die Muster eines jeden Fingers sind einmalig, man kann sie nur einem Menschen zuordnen

Daktyloskopie nennt sich das Fachwort für dieses Verfahren, was aus dem Griechischen übersetzt nichts anderes als „Fingerschau" bedeutet. Und an Vergleichen für diese Fingerschau mangelt es nicht: Das Bundeskriminalamt hat eine Fingerabdruck-Sammlung von mehr als drei Millionen Personen. Doch so einfach das Verfahren eigentlich ist, die Menschen anhand ihrer Fingerabdrücke zu erkennen, so lange hat es gedauert, bis es überhaupt erst entdeckt wurde. Erst Ende des 19. Jahrhunderts, im Jahr 1888, bewies der englische Wissenschaftler Francis Galton die Einmaligkeit der Fingerrillen. Dank seiner Forschung war klar, wie gering die Wahrscheinlichkeit ist, dass sich die Fingermuster zweier Menschen gleichen können.

Schuhe haben ein Profil, damit man nicht ausrutscht, auch die Fingerrillen geben mehr Halt

Jeder Finger hat seinen unverwechselbaren Abdruck, der sich auf keinem anderen Finger wiederholt – nicht mal auf denen der eigenen Hand. Inzwischen wissen Wissenschaftler, dass sich die Muster der Finger schon entwickeln, wenn der Mensch noch nicht mal auf der Welt ist, sondern noch als winziges Embryo im Bauch der Mutter liegt. Ob die Rillen sich gabeln, Schlaufen drehen oder zu Wirbeln werden, entscheidet sich rein zufällig. Eine Laune der Natur, sagen daher manche zu diesem Vorgang. Dabei hat sich die Natur schon etwas gedacht, als sie die Fingerkuppen mit einem Muster überzog. Wie Autoreifen oder Schuhsohlen ein Profil besitzen, um nicht ins Rutschen zu kommen, so haben auch die Finger dank ihrer Rillen einen sicheren Griff. Das war vor Jahrtausenden noch wichtig, als die Vorfahren der Menschen noch durch die Bäume turnten. Und auch heute kann jeder Zoobesucher die Griffsicherheit bewundern – wenn er vor dem Affengehege steht. Denn Schimpansen oder Gorillas haben ebenfalls Papillarlinien an Händen und Füßen.

Die Rillen loszuwerden ist unmöglich – sie wachsen wieder nach

Ohne diese Linien wären die Menschen zudem heute etwas weniger feinfühlig: Wissenschaftler haben nämlich herausbekommen, dass die Muster an den Fingerkuppen auch dazu dienen, feinste Unebenheiten zu ertasten. Unebene Finger sind einfach empfindlicher als glatte. Jedoch hat schon so mancher versucht, die Rillen einzuebnen – indem er sich die Fingerkuppen wegoperieren ließ. Einer soll sogar der berüchtigte amerikanische Ganove Al Capone gewesen sein. Ohne Fingerrillen, so dachte er sich wahrscheinlich, würde er nie überführt werden können. Doch im Gegensatz zur Polizei lässt sich die Natur nicht austricksen: Die Rillen wachsen nämlich unverändert nach.

② Finde die Fremdwörter für die Erklärungen A und B im Text. Schreibe sie richtig auf.

A So heißen die einmaligen Rillen an den Fingern und auf den Handinnenflächen.

B Das ist das griechische Fremdwort für das Verfahren, einen Fingerabdruck zu nehmen und zu untersuchen.

Heft 4, S. 21 ②
A: ...

③ Wähle ein Wort aus und schreibe eine eigene Erklärung dafür auf.

| Ruß | Talg | Profil |

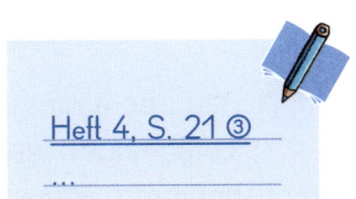

Heft 4, S. 21 ③
...

① Die Klasse 4a führt ein Projekt zum Klimaschutz durch.
Maliks Gruppe beschäftigt sich mit dem Energiesparen und recherchiert im Internet.
Sieh dir die Internetseite an, die Malik gefunden hat.
Lies den Inhalt der Internetseite.

ENERGIESPARTIPPS

Immer mehr Haushalte setzen auf Ökostrom

Heute produzieren etwa 2,2 Millionen Solaranlagen rund 10 Prozent des Stroms in Deutschland. Der Anteil der Photovoltaikanlagen an der Stromerzeugung steigt weiter.

Doch „grüner Strom" wird nicht nur mit Hilfe der Sonne hergestellt. Er kann auch durch andere erneuerbare Energien wie Wind, Wasser oder Biomasse produziert werden. Daher setzen viele Stromerzeuger vermehrt auf Windkrafträder oder betreiben große Biogasanlagen.

Dadurch nimmt langsam die Menge an Strom ab, der aus Kohle oder durch Atomkraft gewonnen wird. So reduziert sich die Luftverschmutzung und nicht erneuerbare Rohstoffe werden „gespart". Die beste Methode, um zum Klimaschutz beizutragen, ist jedoch, Energie und somit auch Strom zu sparen.

Baum-Pflanz-Aktion:
Lade hier ein Foto von deiner Klasse und eurem Klassenbaum hoch!

Erfahre mehr über junge Menschen wie Luisa Neubauer oder Felix Finkbeiner, die sich für das Klima einsetzen. Klicke hier!

Erhalte **Energiespartipps** unter www.SpareStrom.beispiel!

Klicke hier und erfahre mehr über den Schutz der Ozeane.

Stromspar-Gewinnspiel!
Wer spart am meisten? Melde dich einfach hier mit deinem Namen, deiner Adresse und deinem Geburtsdatum an. Gewinne tolle Preise!

Strom-Wächter für die Steckdose: Gleich hier zum günstigen Preis bestellen!

Mach mit! Finde hier die nächste Müll-Sammel-Aktion in deiner Nähe.

CHATROOM
Hier klicken!

> Denke daran: Im Internet werden Links zu anderen Seiten oft blau und unterstrichen dargestellt.

② Besprecht den Inhalt der Internetseite aus ①.
Entscheidet, welche Informationen und Links Maliks Gruppe bei ihrem Projekt weiterhelfen könnten. Begründet eure Meinung.

Lernportion 3: Verschiedene Quellen nutzen

MK: mit Suchergebnissen im Internet umgehen und relevante Informationen erkennen
MK-Tipp: unbekannte Wörter mit Hilfe einer Kindersuchmaschine oder eines Lexikons recherchieren

22

 ③ Lest den Text.
Klärt die Bedeutung der roten Begriffe.
Ihr könnt dazu eine Kindersuchmaschine oder ein Lexikon nutzen.

Sicherheit im Netz

1 Das Internet ist eine sehr praktische Sache. Ein paar Klicks mit der Maus und die ganze Welt rückt in greifbare Nähe. Beim Surfen im Internet gibt
5 es aber auch Gefahren und auf diese solltest du vorbereitet sein.

Aufgepasst beim Abspielen und **Download** von Musik, Videos, Spielen und Apps. Dafür werden oft besonders
10 große Datenmengen benötigt. Wenn du diese unterwegs nutzt, kann das hohe Kosten verursachen. Dabei kommt es aber auch auf den Handyvertrag an. Er legt fest, wie viele Daten
15 dir unterwegs zur Verfügung stehen.

Ebenso solltest du niemals ohne Absprache mit deinen Eltern persönliche Daten wie Name, Geburtsdatum und Adresse angeben. Gerade in
20 einem **Chatroom** oder beim **Online-Shopping** wird dies oft verlangt.

Auch das Hochladen von Fotos, auf denen du oder andere zu sehen sind, kann gefährlich werden. Sobald ein Foto ins Internet gestellt wird, kann 25 jeder darauf zugreifen und das Bild beliebig weiterverwenden.

Wenn man einen **Link** öffnet oder Dateien herunterlädt, können **Viren** auf den Computer gelangen. 30 Diese beschädigen die **Software** oder ermöglichen fremden Personen unerlaubten Zugang zum Rechner. Diese sogenannten **Hacker** können dann private Daten lesen und sogar 35 Informationen über ein Bankkonto oder eine Kreditkarte bekommen.

Eltern können für ihre Kinder auf vielen Seiten ein Kinder-Profil anlegen. Dadurch werden dir nur Inhalte an 40 gezeigt, die für Kinder geeignet sind, und du kannst allein und sicher surfen.

 ④ Überlegt, bei welchen Links auf Seite 22 Malik vorsichtig sein sollte.
Besprecht, woran ihr das erkannt habt.

Heft 4, S. 23 ⑤
Aufgepasst im Netz!
Ich ...

⑤ Notiert vier eigene Regeln für das Surfen im Internet.

① Lies die Texte aus einem Lexikon, einer Kinderzeitschrift und dem Internet.

aus einem Lexikon

F

Fallschirm

Ein Fallschirm ist ein großes stabiles Tuch aus → Seide oder → Chemiefasern, das an Seilen befestigt ist. Es wird in einer Art → Rucksack auf den Rücken geschnallt. Nach dem Absprung öffnet es sich entweder automatisch oder durch den Zug an einer → Reißleine.

Der Fallschirm bremst den Fall eines Gegenstandes oder eines Menschen ab. Daher wird er genutzt, um Lasten aus → Flugzeugen abzuwerfen, und ermöglicht auch Personen den Absprung aus einem Flugzeug. Wenn man nämlich ohne Fallschirm aus einem Flugzeug springen würde, würde man durch die → Schwerkraft immer schneller Richtung → Erdboden gezogen und würde dort ungebremst aufschlagen. Diesen Aufprall könnte man nicht überleben.

Fallschirmspringen ist auch eine beliebte Sportart. Manche Springer versuchen, möglichst exakt an einem bestimmten Punkt zu landen. Andere springen gemeinsam als → Formation, halten sich an den Händen und bilden Kreise. Wenn ein erfahrener Springer einen anderen auf dem Rücken mitnimmt, heißt das Tandemsprung.

Schon im 14. Jahrhundert sollen chinesische Akrobaten mit Fallschirmen von Türmen gesprungen sein. Als im 18. Jahrhundert die ersten → Heißluftballone erfunden wurden, sollten Fallschirme Sicherheit bieten. Der erste Sprung eines Menschen vom Ballon aus erfolgte im Jahr 1783. Vier Jahre zuvor hatte der Franzose Montgolfier zum Test des Fallschirms einen → Hammel aus dem Heißluftballon springen lassen.

aus einer Kinderzeitschrift

Die Flugpionierin Käthe Paulus

Katharina Paulus, genannt Käthe, lebte von 1868 bis 1935. Sie gilt als Pionierin der Luftfahrt, denn sie war die erste deutsche Frau mit dem Beruf der Luftschifferin. Bis zum Jahr 1914 führte sie 400 Ballonfahrten und 160 Fallschirmsprünge durch.

Schon als junges Mädchen war Käthe fasziniert von der Ballonfahrt und vom Können der Fallschirmspringer. Als sie 1889 den Ballonfahrer Hermann Lattemann kennenlernte, entschloss sie sich, ihren Beruf als Schneiderin aufzugeben und ebenfalls Ballonfahrerin zu werden.

Hermann brachte ihr das Ballonfahren bei. Gemeinsam traten sie in Shows auf und vollführten waghalsige Fallschirmsprünge. Doch Hermann starb bei einer ihrer Vorführungen. Danach musste Käthe die Shows allein weiterführen. Sie reiste durch ganz Europa und wurde berühmt.

Käthe brachte sich selbst bei, wie man Ballons herstellt. Durch ihre Schneiderlehre und ihre Genauigkeit war sie dabei sehr erfolgreich. Sie erfand einen speziellen doppelt gefalteten Fallschirm, mit dem man akrobatische Sprünge ausführen konnte. Später ließ Käthe in einer Fabrik Fallschirme und Ballonhüllen herstellen.

aus dem Internet

WISSENSCHAFT FÜR KIDS IM NETZ
lernen · entdecken · forschen

Bionik: Die Pusteblume als natürliches Vorbild

Wenn man sich Tiere und Pflanzen und deren Fähigkeiten ganz genau anschaut, um sie beim Nachbau von technischen Geräten zu kopieren, nennt man das Bionik. Die Pusteblume ist hierfür ein gutes Beispiel. Ihre Samen dienten als Vorbild für die ersten Fallschirme. Die Samen schweben stabil durch die Luft, weil ihr Schwerpunkt weit unten liegt. Außerdem sind ihre winzigen Tragflächen nach oben gebogen.

Wie kleine Fallschirme schweben die Samen der Pusteblume im Wind.

Erste Skizzen eines solchen Fluggeräts, an dem sich ein in der Luft hängender Mensch festhält, gab es schon 1470 in Italien. Leonardo da Vinci zeichnete 1485 einen Fallschirm mit einem Holzrahmen.

Klicke hier für weitere spannende Beispiele aus der Bionik!

So stellte sich Leonardo da Vinci einen Fallschirm vor.

---

 2 Schreibe Stichpunkte zu den drei Überschriften auf drei Karteikarten. Diese Fragen helfen dir dabei:

Das ist ein Fallschirm:
- ...
- ...

Das ist ein Fallschirm

Eine Pionierin der Luftakrobatik

Die Natur als Vorbild

Was ist ein Fallschirm?
Wie ist er aufgebaut?
Woraus besteht er?
Wie funktioniert er?

Wozu wurden Fallschirme früher verwendet?
Wozu werden Fallschirme heute verwendet?

Wer war Käthe Paulus?
Wie wurde sie Fallschirmspringerin?
Was weiß man über ihr Leben?
Was hat sie erfunden?

Was ist Bionik?
Welches Vorbild aus der Natur hat der Fallschirm?
Wer zeichnete erste Skizzen eines Fallschirms?

Auf der nächsten Seite erfährst du, wie du die Karten für einen Vortrag nutzen kannst.

 **AH 26**

Lernportion 3: Verschiedene Quellen nutzen

MK: einer Internetseite wichtige Informationen entnehmen
MK-Tipp: weitere Informationen über den Fallschirm in Podcasts, Dokumentationen und Zeitschriften finden

 25

So bereitest du einen Vortrag mit Hilfe von Karteikarten vor:

1. **Ordne deine Notizen:**
   Überlege, mit welchen Informationen du beginnen möchtest.
   Bringe deine Karteikarten in eine **sinnvolle Reihenfolge** und nummeriere sie.

2. **Prüfe die Stichpunkte** auf den Karteikarten:
   Sind deine Notizen übersichtlich? Was ist besonders wichtig?
   Überlege dir zu den Stichwörtern **ganze Sätze**.

3. **Überlege dir einen Einleitungssatz** für deinen Vortrag.
   Du kannst ihn auf die Rückseite der ersten Karteikarte schreiben.

4. **Übe deinen Vortrag** mehrmals, bis du dich sicher fühlst.
   Nutze die Karteikarten als Spickzettel.

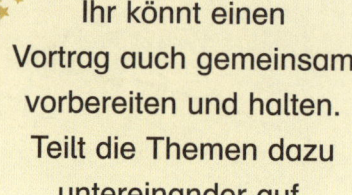

Ihr könnt einen Vortrag auch gemeinsam vorbereiten und halten. Teilt die Themen dazu untereinander auf.

(1) Lies den Text.
Notiere wichtige Informationen auf einer Karteikarte.

Rekorde rund um den Fallschirm

1 Normalerweise springen Fallschirmspringer aus einer Höhe
von 1 000 bis 5 000 Metern ab. Jedoch wagte der Amerikaner Joseph Kittinger
im Jahr 1960 einen atemberaubenden Sprung aus 30 000 Metern Höhe.
Dieser Rekord blieb für viele Jahrzehnte ungebrochen.

5 Erst über 50 Jahre später gelang ein Sprung aus 39 000 Metern Höhe.
Dieser erfolgte bei einer Geschwindigkeit von über 1 300 Stundenkilometern
vom Rande des Weltalls aus.

Bei diesem Sprung wurde sogar die Schallmauer durchbrochen. Dabei gibt es
einen großen Knall. Solche Sprünge sind für Menschen aber sehr gefährlich.

10 Den aktuellen Rekord hält der Amerikaner Alan Eustace.
Er sprang im Jahr 2014 aus 41 000 Metern Höhe.

(2) Bereite mit Hilfe deiner Karteikarten einen kurzen Vortrag
zum Thema Fallschirm oder zu einem Thema deiner Wahl vor.
Übe deinen Vortrag mehrmals.
Halte ihn dann vor der Klasse.

Lernportion 3: Verschiedene Quellen nutzen

Plenum: sich gegenseitig wertschätzende Rückmeldung zum Vortrag geben

D 39

①

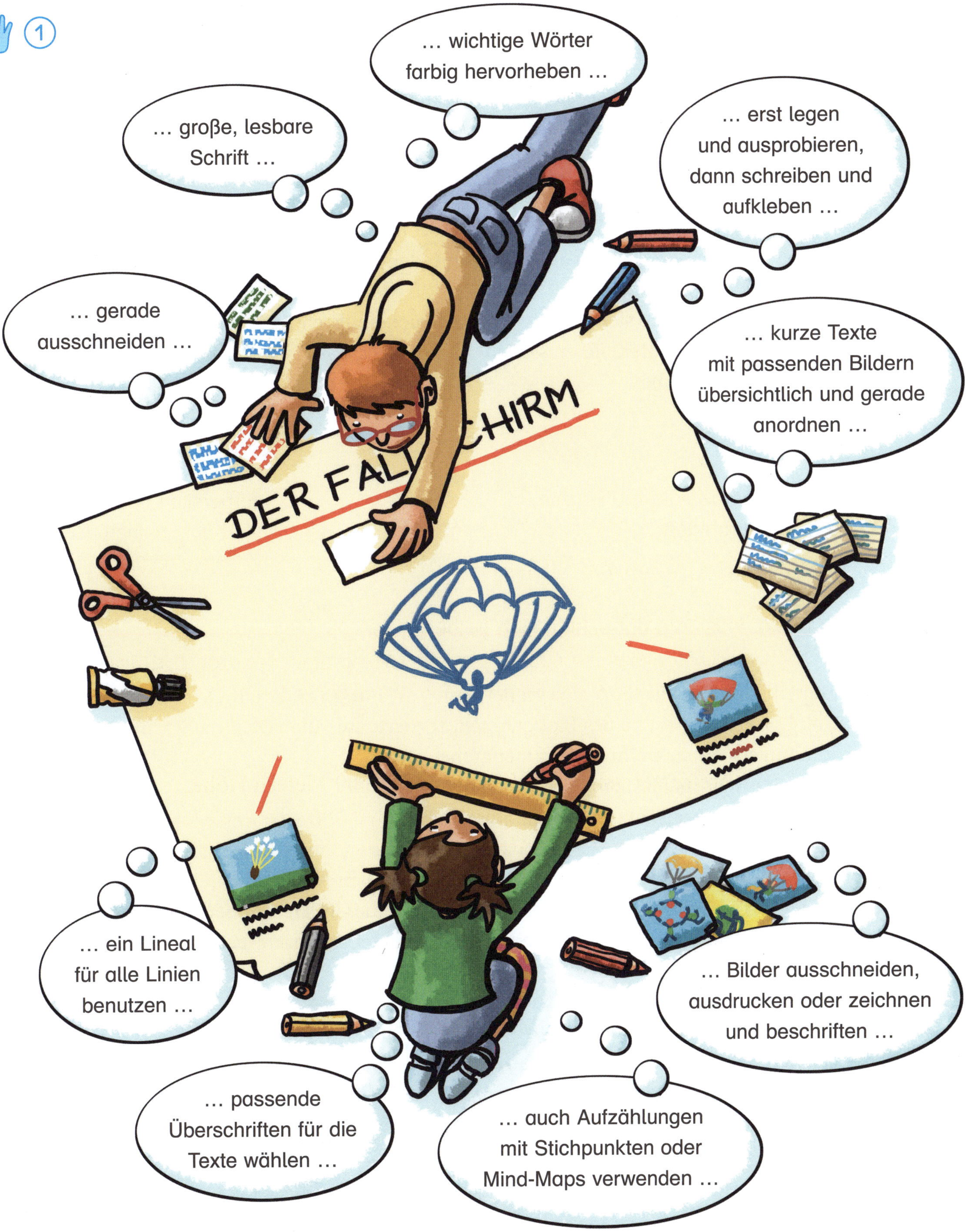

… wichtige Wörter farbig hervorheben …

… große, lesbare Schrift …

… erst legen und ausprobieren, dann schreiben und aufkleben …

… gerade ausschneiden …

DER FALLSCHIRM

… kurze Texte mit passenden Bildern übersichtlich und gerade anordnen …

… ein Lineal für alle Linien benutzen …

… Bilder ausschneiden, ausdrucken oder zeichnen und beschriften …

… passende Überschriften für die Texte wählen …

… auch Aufzählungen mit Stichpunkten oder Mind-Maps verwenden …

1 Lies den Text.

*Jule ist geplagt von einem nervösen Hautausschlag, der sofort auflodert,
wenn sie gestresst ist. Dass dies kurz nach der Geburt ihrer kleinen Schwester
vor sieben Jahren angefangen hat, hält Jule keineswegs für Zufall.*

Jule fuhr schnaubend herum. Direkt hinter ihr stand Affi und trällerte das Lied,
das sie diese Woche auf dem Spielplatz aufgeschnappt hatte. Es hieß „Das lästige Lied",
und es machte seinem Namen alle Ehre, denn der Trick dabei war, es einfach immer
und immer wieder zu singen.
Jules Ausschlag breitete sich aus wie ein Lauffeuer, an ihren Armen hoch und
an ihren Beinen hinunter. Sie musste etwas tun, ehe sie völlig durchdrehte.
Und da gab es nur eines.

2 Schreibe auf, was Jule tun könnte,
um sich zu beruhigen.

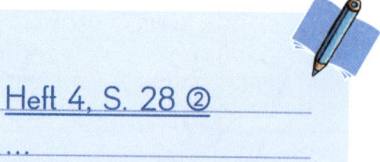

Heft 4, S. 28 ②

3 Lies im Text, was Jule dabei hilft, sich zu beruhigen.

Sortieren. Das war Jules Art, sich zu beruhigen. Während andere Kerzen anzündeten,
Musik hörten oder ein heißes Bad nahmen, sortierte Jule die vielen merkwürdigen
Sammlungen, die sie in ihrem Zimmer aufbewahrte.
Nur um das hier mal festzuhalten, sie besaß:
- eine Radiergummisammlung (143 Stück)
- eine Sammlung getrockneter Cicada-Muscheln (insgesamt 51)
- ein Schreibheft mit einer langen Liste von Nummernschildern
  (Jedes Auto, das in Jules Straße parkte, wurde in diesem Heft notiert.)
- Anstecker, mit denen hervorragende Teilnahme am Unterricht belohnt wurde
  (12 bei der letzten Zählung)
- eine Schachtel voll mit benutzten Busfahrkarten
  (Am Dienstag waren es 67 gewesen.)
- Piranha, ihre fleischfressende Pflanze

Außerdem hatte sie noch eine Reihe winziger Kakteen-
pflanzen, die sie seit dem Frühling sammelte. Es gefiel
ihr, wie die sogar ohne Regen immer weiterwuchsen.
Es gefiel ihr, wie die ganz für sich allein zurechtkamen.

Mach doch
auch mal eine Liste deiner
Lieblingsstücke.

4 Schreibe auf, was mit den Zähnen passiert sein könnte.

Jule zog eine hellblaue Dose hervor. In dieser Dose
bewahrte Jule ihre Zahnsammlung auf. Wie sortiere ich
denn heute mal?, überlegte sie. Nach Farbe (weiß, weißlich-gelb, gelblich-weiß, grau),
nach Form (dick und viereckig, scharf und spitz, die mit Füllungen, die mit Löchern)
oder nach Herkunft (von Papa, Affi, ihr selbst oder ihrer besten Freundin Betty)?
Sie setzte sich im Schneidersitz auf den Teppich und balancierte die Dose
auf den Knien. „Ich glaube, nach Form …" Vorsichtig hob sie den Deckel
der Dose und schaute hinein. Die Zähne waren weg!

Heft 4, S. 29 ④
Vielleicht …

5 Lies den Text weiter. Überprüfe, ob deine Vermutung aus **4** richtig war.

Jule wusste sofort Bescheid: „Affi! Ich weiß genau, dass du meine Zähne geklaut hast."
„Zähne?" „Jawohl, Zähne! Die aus meiner Sammlung!"
„Ach, diiiiiie", sagte Affi. „Die hab ich mir ausgeliehen, um ein künstliches Gebiss
zu basteln." „Was?!" „Mit Knete." „Affi!" „Und Sekundenkleber."
Jules Haut juckte wie blöd. Sie stieß einen langen, lauten Schrei aus.

6 Jules Mutter findet es wichtig, dass die beiden Schwestern
bei Streit über ihre Gefühle sprechen.

a Tauscht euch darüber aus, was Jule vermutlich fühlt.

b Vergleicht eure Vermutung mit dem Textabschnitt.

Jules Haut brannte. Vielleicht wurde es wirklich Zeit, einige ihrer Gefühle
beim Namen zu nennen. „Wenn Affi", presste sie hervor, „sich immer wieder
und wieder und wieder, ohne zu fragen, meine Sachen holt, dann fühle ich,
dass ich ihr wahnsinnig gern eine reinsemmeln würde." „Julia!", rief Mama.
„Das ist wirklich nicht der Sinn dieser Übung." ◇

Marianne Musgrove

c Überlegt gemeinsam, wie das Gespräch weitergehen könnte.
Findet eine Lösung, mit der alle zufrieden sind. Spielt die Situation nach.

① Betrachtet das Cover.
Vermutet, worum es in dem Buch „Kiste"
gehen könnte.

② Besprecht, welche Besonderheiten
diese Kiste haben könnte.

③ Lest nun den Comic über Mattis,
den jungen Erfinder.

◇ *Patrick Wirbeleit & Uwe Heidschötter*

🗨 ④ Überprüft, ob eure Vermutungen von Seite 30 richtig waren.

🗨 ⑤ Überlegt, ob ihr auch gern eine lebendige Kiste hättet.
Beschreibt, was ihr damit machen würdet
und welche Fähigkeiten sie haben sollte.

Lernportion 4: Gedanken zu Texten entwickeln

 AH 32

31

1) Lies den Text über Matti und seinen besten Freund Otto.

1 „Wir sind viel zu brav", sagte Otto.
Und je länger ich darüber nachdenke, desto nervöser macht
mich das. Denn ehrlich, Otto hat absolut recht.

Ich glaube, ich hätte nicht halb so viel über die Sache mit
5 dem Bravsein nachgedacht, wenn es nicht Otto gewesen wäre,
der es gesagt hat. Denn Otto kennt mich mein ganzes Leben
minus drei Wochen. Als ich drei Wochen alt war und Otto vier,
waren meine Mutter und Ottos Mutter zur Anti-Schwangerschafts-Gymnastik
gegangen, hatten sich kennengelernt und ratzfatz befreundet. Otto und ich
10 waren bei derselben Tagesmutter, im selben Kindergarten und wurden dann
beide in die 1c eingeschult.
Otto kannte meine Oma, mein geheimes Süßigkeitenversteck und sogar meinen
Vater, bevor er sich vom Acker gemacht hatte. Ich wiederum wusste, dass Ottos
Mutter sich immer freitags mit einem alten Freund traf, von dem Ottos Vater
15 nichts wissen durfte. Ich kannte Ottos Brüder, Fritz und Franz, und seine große
Schwester Martha. Wir hatten zusammen Silvester gefeiert und um Ottos Hund
Heidi geweint. Wenn Otto so etwas über uns sagt, dann ist was dran.

Ich hätte von mir selber nie gesagt, dass ich brav bin. Und meine Mutter
ganz sicher auch nicht. Sie findet, dass ich zu wenig Klavier übe, zu oft am Handy
20 bin, mich morgens nicht schnell genug anziehe und meine Hausaufgaben nicht
ernst nehme. Und noch alles Mögliche andere. Ottos Eltern denken, glaube ich,
nicht so viel darüber nach, ob er brav ist. Sie sind zufrieden, wenn er morgens
aufsteht, zur Schule geht, alle seine Kurse besucht und im Hellen nach Hause
kommt. Immer, wenn ich komme, oder jedenfalls meistens, stürmt gerade einer
25 von ihnen aus der Tür. Sie sind irrsinnig beschäftigt. ÜBERbeschäftigt, finde ich.
Wenn sie nicht unterwegs sind, reden sie darüber, was sie alles noch tun müssen.
Obwohl ich sie so lange kenne, weiß ich nicht genau, womit sie ihr Geld
verdienen. Otto weiß es auch nicht. Eins allerdings wissen wir: was seine Mutter
neben der Arbeit macht. Es ist ein Geheimnis, das Otto, seine Geschwister
30 und ich teilen und absolut geheim halten. Und zwar, dass Ottos Mutter einen
Mamablog schreibt. Wenn jemals jemand rauskriegt, dass dies der Blog von
Ottos Mutter ist, wäre das sein Untergang. ◇

Silke Lambeck

2 Besprecht den Text aus ① in einer Lesekonferenz.

a Stellt euch W-Fragen zum Text und beantwortet sie.

> Wie lange kennen sich Matti und Otto schon?

> Welche Geheimnisse teilen Matti und Otto?

> Wie heißen …

> …

b Besprecht, was die Freundschaft von Otto und Matti ausmacht.

c Tauscht euch darüber aus, was für euch zu einer guten Freundschaft gehört. Begründet eure Meinung.

3 Otto findet, dass Matti und er viel zu brav sind. Tauscht euch zu den folgenden Fragen aus. Begründet eure Meinung.

a Was bedeutet es für euch, brav zu sein?

b Findet ihr es gut oder schlecht, brav zu sein?

4 Ottos Mutter veröffentlicht im Internet einen Mamablog mit Texten und Fotos. Vermutet, warum das unbedingt ein Geheimnis bleiben soll.

5 Lest euch gegenseitig eure Lieblingsstelle aus dem Text vor. Begründet eure Auswahl.

6 Tauscht euch darüber aus, wie euch der Text gefallen hat und ob ihr das Buch gern lesen würdet. Begründet eure Meinung.

Lernportion 4: Gedanken zu Texten entwickeln

MK: über Datenschutz, private Inhalte und deren öffentlichen Zugang im Internet sprechen

D 40

① Lies das Interview.

„Bücher sind wie Schokolade"

Die Kinderbuchautorin Cornelia Funke erzählt, warum Lesen lebenswichtig, manchmal aber auch gefährlich ist

VON REGINE WARTH

Cornelia Funke ist als Kinderbuchautorin zum Weltstar geworden. Ihr Buch „Reckless" führt gerade die Spiegel-Liste mit den meistverkauften Büchern in Deutschland an. Als sie in Stuttgart zu Gast war, hat sie erzählt, wie sie auf die Idee gekommen ist, Bücher zu schreiben.

Frau Funke, Sie sagen, Sie haben die Geschichte zu „Reckless" gefunden. Wie findet ein Schriftsteller eine Geschichte?

Die Geschichten finden einen sogar immer selber. Man fragt sich ja, warum von den Tausenden von Einfällen im Laufe des Tages gerade der eine haften bleibt. Und warum sich diese Geschichte durchsetzt, dass man beschließt, ein oder zwei Jahre seines Lebens mit ihr zu verbringen. Deswegen habe ich das Gefühl, die Geschichten finden einen. Bei dem Buch „Reckless" war es ein bisschen anders: Diese Geschichte hat ein sehr guter Freund für mich gefunden, Lionel Wigram. Er hat mir von dieser erwachsen werdenden Märchenwelt erzählt. Dabei hatte ich mich eigentlich auf ein paar ruhige Jahre eingerichtet. Aber plötzlich stecke ich wieder bis zum Hals in einer Geschichte, die Fortsetzungen will, die wächst und wächst und wächst und ganz groß werden will.

In einer Ihrer Geschichten verschwinden am Ende die Kinder in den Büchern, weil sie nicht mehr die echte Welt erleben wollen. Ist Lesen also gefährlich?

Ich glaube ganz bestimmt, dass Lesen gefährlich ist – weil es so unendlich glücklich und Spaß machen kann, dass es manchmal im Übermaß genossen wird. Ein Buch kann den Leser vergessen lassen, dass er spannende Erlebnisse auch im wirklichen Leben haben kann. Er müsste sich diese nur auf andere Art und Weise verschaffen. Ich würde mir genauso viele Sorgen machen, wenn mein Kind immer nur liest und die echte Welt dabei verpasste, als wenn es gar nicht liest. Vielleicht würde ich mir da sogar ein bisschen mehr Sorgen machen.

Wie findet man beim Lesen das gesunde Maß?

Wie findet man das gesunde Maß beim Schokoladeessen? Manchmal muss man vielleicht eine Zeit lang das Mittelmaß verlieren und ganz besessen davon sein. Das Gute ist doch, dass wir schon irgendwann merken, wenn wir uns überfressen. Gerade beim Lesen aber wünsche ich jedem, dass er den Zauber des wirklichen Lebens entdeckt.

Wie bringt man Kinder zum Lesen?

Es ist immer ganz furchtbar, wenn ich bei Autogrammstunden gebeten werde, in die Bücher hineinzuschreiben: Lies

 ② Cornelia Funke findet, dass Bücher wie Schokolade sind und nicht wie Medizin.

ⓐ Besprecht, was die Autorin damit meinen könnte.

ⓑ Tauscht euch darüber aus, ob ihr gern lest oder nicht. Begründet eure Meinung.

ganz viel! Ich glaube, das ist der beste Weg, dem Kind die Lust am Lesen zu nehmen. Die wollen mit dem Buch ja nicht erzogen werden, sondern zunächst nur Spaß haben. Bücher sollen keine Medizin sein, die man Kindern verabreichen muss. Bücher sollten eher wie Schokolade sein. Die Kinder müssen sich aussuchen dürfen, ob sie die dunkle oder die helle Schokolade lieber mögen.

Wie lange schreibt man an einem Buch?

Immer länger. Ich habe in meinen Büchern so viele Ideen und Bilder schon benutzt, dass ich mir beim Schreiben sagen muss: Schau mal, diesen Konflikt, dieses Gefühl hast du doch schon in einem anderen Buch beschrieben. Das musst du doch jetzt nicht schon wieder tun. Ich muss mich auf die Suche nach Dingen machen, die ich noch nicht erzählt habe. Mein erstes großes Buch „Drachenreiter" habe ich in einem Jahr geschrieben. Das Buch „Reckless" hat zweieinhalb Jahre gedauert, obwohl es viel dünner ist.

Ihre Bücher wurden zum Teil verfilmt. Würden Sie Kindern dennoch raten, lieber zuerst zum Buch zu greifen?

Es ist das Wunderbare, dass man mit einem Buch rund 16 oder 18 Stunden beschäftigt ist, sich dabei seine eigenen Bilder machen kann und die Feinheiten der Geschichte viel besser mitbekommt. Beim Film gibt es das Problem, dass die Geschichte in zwei Stunden erzählt werden muss und dadurch unheimlich viel verändert und gekürzt wird. Man kann den Figuren nicht in den Kopf gucken so wie im Buch. Man kann nicht die Gedanken lesen oder was gerade in ihren Herzen passiert. Das muss der Schauspieler die ganze Zeit auf seinem Gesicht zeigen. Das klappt eben nicht immer. Manchmal denke ich allerdings: Es ist fast besser, erst den Film zu gucken, weil er nur eine kleine Geschmacksprobe ist – und dann zum Buch zu greifen.

Aber dann kennt man das Ende.

Das ist wahr. Das ist der große Haken dabei.

STECKBRIEF

Geburtstag:
10.12.1958

Wohnort:
Toskana (Italien)

Beruf:
Sozialarbeiterin,
Kinderbuchillustratorin,
Autorin

Berufswunsch als Kind:
Astronautin

Interessen:
Freunde und Familie,
Reisen, Geschichte,
Film, Kunst, Musik,
Naturschutz, Stricken,
Raumfahrt und alles,
was mit Fliegen zu tun hat

Ihre Bücher:
mehr als 60, die in
mehr als 50 Sprachen
erschienen sind

③ Schreibe auf, welche Vorteile Cornelia Funke bei einem Buch gegenüber seiner Verfilmung sieht.

Heft 4, S. 35 ③

...

④ Besprecht, ob ihr Cornelia Funke zustimmt oder nicht. Begründet eure Meinung.

Wenn du mehr über Bücher, Autorinnen und Autoren erfahren möchtest, kannst du im Internet recherchieren. Viele Autorinnen und Autoren haben eine eigene Homepage. Hier erfährst du etwas über ihr Leben und ihre Bücher. Es gibt auch Seiten, auf denen Kinder ihre Lieblingsbücher vorstellen.

(1) Rani recherchiert mit Hilfe einer Kindersuchmaschine über die Autorin Cornelia Funke. Dabei findet sie die folgende Buchempfehlung. Lies den Text.

Empfehlung von Isa, 11 Jahre alt:

Meine Lieblingsschriftstellerin ist Cornelia Funke, eine der bekanntesten deutschen Kinderbuchautorinnen. Sie schreibt sehr spannend und humorvoll. Die Figuren in ihren Büchern haben oft lustige Namen, die zu ihrem Aussehen oder ihrem Charakter passen, wie zum Beispiel Igraine Ohnefurcht, Speckfürst oder Staubfinger. Manche ihrer Bücher erzählen realistische Geschichten. Dazu gehören „Die wilden Hühner" und „Hände weg von Mississippi".
In den meisten ihrer Bücher geschehen aber fantastische oder magische Dinge. Diese Geschichten von Cornelia Funke haben mir am besten gefallen:

ISAS TIPP
Hört euch unbedingt auch die Hörbücher oder Hörspiele zu den Büchern von Cornelia Funke an.

(2) Seht euch die Cover aus (1) an und lest die Buchtitel.
Vermutet, worum es in den Büchern gehen könnte.

(3) Recherchiert den Inhalt der Bücher mit Hilfe einer Kindersuchmaschine im Internet.
Vergleicht das Ergebnis mit euren Vermutungen.

(4) Überlegt, welches der Bücher ihr gern lesen würdet. Tauscht euch dazu aus.

(5) Wähle ein Buch, das dir gut gefallen hat.
Schreibe eine Empfehlung wie in (1).
Du kannst eine Kindersuchmaschine nutzen.

Heft 4, S. 36 ⑤

Lernportion 5: Autorinnen und Autoren, Bücher und andere Medien kennenlernen
MK: Informationen zu Autorinnen, Autoren und Büchern mit Hilfe einer Kindersuchmaschine im Internet finden

36

6 Lies den Textauszug aus „Herr der Diebe".

1 *Wespe, Riccio, Mosca, Bo und Prosper gehören zur Bande von Scipio, dem Herrn der Diebe. Die Kinder haben kein Zuhause, nur einen Schlafplatz im hinteren Teil eines verlassenen Kinos.*

Wespe hatte wirklich viele Bücher.
5 Und ab und zu kaufte sie eins,
das stimmte, aber die meisten, die sie
besaß, waren billige Taschenbücher,
die Touristen weggeworfen hatten.
Wespe fischte sie aus Mülleimern
10 und Papierkörben, fand sie unter
den Sitzen der Vaporetto-Boote
oder am Bahnhof. Ihre Matratze war
kaum zu sehen, so hoch stapelten
sich die Bücher davor.
15 Riccios Matratze war bedeckt mit
Comicheften und in seinem Schlafsack
steckten so viele Stofftiere, dass er
gerade noch selbst hineinpasste.
Moscas Bett erkannte man an der
20 Werkzeugkiste und den Angelruten,
zwischen denen er schlief. Außerdem
lag unter seinem Kissen sein größter
Schatz, sein Glücksbringer: ein kupfernes
Seepferd, das genauso aussah wie die
25 Seepferde, die die meisten Gondeln
schmückten.
Mosca schwor, dass er es keineswegs
von einer Gondel gestohlen, sondern
aus dem Kanal hinter dem Kino ge-
30 fischt habe.

„Glücksbringer, die man gestohlen
hat", sagte er, „bringen nur Unglück.
Das weiß doch jeder."
Bo und Prosper teilten sich eine
Matratze. Dicht aneinandergedrängt 35
schliefen sie darauf. Neben dem Kopf-
ende lag, sorgfältig aufgereiht, Bos
Plastikfächersammlung: sechs Stück,
alle noch gut erhalten. Am schönsten
fand Bo immer noch den, den Prosper 40
am Tag ihrer Ankunft am Bahnhof
gefunden hatte.
Der Herr der Diebe schlief nie bei
seinen Schützlingen im Sternenversteck.
Keiner von ihnen wusste, wo Scipio 45
die Nächte verbrachte, und er redete
nicht darüber. Ab und zu machte er
geheimnisvolle Andeutungen über
eine verlassene Kirche, aber als Riccio
ihm einmal nachgeschlichen war, hatte 50
Scipio ihn dabei erwischt und war so
wütend geworden, dass niemand seither
gewagt hatte, ihm auch nur nachzusehen,
wenn er sie verließ. Sie hatten sich daran
gewöhnt: Ihr Anführer kam und ging, 55
wie er wollte. ◇

Cornelia Funke

7 Entscheidet, welchen Abschnitt des Textes aus ⑥
ihr in einer Buchvorstellung vorlesen würdet.
Begründet eure Entscheidung.

In **fantastischen Büchern** passieren Dinge, die im echten Leben niemals passieren könnten. Personen können fliegen, in andere Welten reisen oder sich verwandeln. Gegenstände oder Tiere können sprechen oder werden unsichtbar. Es gibt Zeitsprünge, parallele Welten oder verzauberte Orte. All dies macht fantastische Bücher spannend und geheimnisvoll.

1 Betrachtet das Buchcover.
Vermutet, worum es in dem Buch gehen könnte.

2 Lies den Text.

1 *Lukas ist mit seinen Eltern in eine alte Villa am Stadtrand
gezogen. Sein neues Zimmer liegt ganz oben unter dem Dach.
Aus dem Fenster kann man den Wald sehen, der direkt
hinter dem Haus beginnt.*

5 Lukas blinzelte. Im ersten Augenblick wusste er nicht, was ihn geweckt hatte.
Das Mondlicht fiel in sein Zimmer und zauberte einen mystischen Schein auf die Wände.
Alles schien normal. Doch wieso war er dann wach geworden? Jemand atmete.
Lukas zuckte zusammen. Nur einen Schritt entfernt erblickte er ein Wesen. Blaue Haare
wuchsen wild in die Höhe, eine Knubbelnase saß ihm im Gesicht, die Finger waren
10 dick wie Kartoffeln.

Lukas schrie. Der Unbekannte machte einen Satz zurück und schrie ebenfalls. „Ah!
Du siehst mich!" Das Wesen rannte zum Fenster. Über die Schulter hatte es einen Sack
geworfen. Im nächsten Moment knallte es frontal gegen das dicke Glas und purzelte
zu Boden. „Du bist ein Dieb!", keuchte Lukas. Und dann bemerkte er das Buch, das er
15 vom Dachboden genommen hatte. Das Wesen hielt es fest mit einer Hand umklammert.
Nun fuhr es in die Höhe, klaubte den Sack auf und wandte sich erneut dem Fenster zu.
Lukas glaubte bereits, dass es noch einmal gegen das Glas springen wollte, doch
stattdessen murmelte es ein Wort und pustete. Sein Atem umwölkte das Fenster wie
Nebel. Die Kreatur machte einen Satz und sprang hindurch. Im nächsten Augenblick
20 verschwand der Nebel.
„Das ist ein Albtraum", flüsterte Lukas, „es muss so sein."
Er eilte zum Fenster. Das Wesen war für seine Größe überraschend schnell.
Soeben flitzte es aus dem Garten in das Wäldchen.

 3 Überlegt, ob es sich bei dem Wesen im Zimmer um ein magisches Geschöpf handeln könnte. Belegt eure Entscheidung mit Textstellen.

4 Lies den Text weiter.

So schnell es ging, schlich Lukas die Treppe hinab,
25 warf die Tür hinter sich ins Schloss und flitzte um das Haus
herum in den Garten. Der Wind hatte aufgefrischt.
Es raschelte und knackte überall in dem Wäldchen.
Irgendwo sang jemand ein Lied. Es war unbeschwert,
durchsetzt mit traurigen Stellen. „Was geht hier nur vor?",
30 murmelte Lukas, während er durch das Wäldchen hetzte.
Es schien, als sei das Unterholz zum Leben erwacht. Überall waren
Geräusche, bewegten sich Zweige, tanzten Lichter umher. Am Boden
wallte Nebel auf, umgab die Baumgrenze wie ein schützender Ring.
Lukas machte einen Schritt hinein.

35 Etwas surrte, Äste schossen aus dem Erdreich, verformten sich zu einer Gitterkugel
und schlossen ihn darin ein. Wie von Zauberhand schwebte sein Gefängnis
in die Höhe, bis es einen Meter über dem Boden zum Stillstand kam.
Wieder erklang das Kratzen von Pfoten.
Zwischen den Blättern des Baumes wurde braunes Fell sichtbar. Mit einem
40 gewaltigen Satz landete eine Kreatur vor ihm. Verdutzt starrte Lukas sie an.
„Faszinierend", sagte das Wesen. ◇

Andreas Suchanek

5 Stell dir vor, du wärst Lukas: Du betrittst einen
verzauberten Wald mit magischen Geschöpfen.
Wie sieht der Wald aus? Welche Wesen leben dort?
Haben sie bestimmte Eigenschaften oder Fähigkeiten?
Notiere deine Ideen.

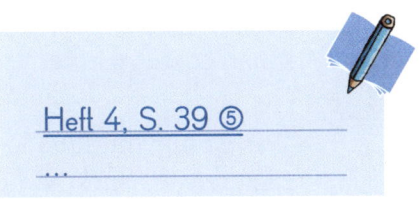

Heft 4, S. 39 ⑤

...

 6 Besprecht, ob sich eure Vermutungen aus ① bestätigt haben.

 7 Tauscht euch darüber aus, wie euch der Text gefallen hat und ob ihr
das Buch gern lesen würdet. Begründet eure Meinung.

Lernportion 5: Autorinnen und Autoren, Bücher und andere Medien kennenlernen

1 Lies die Klappentexte.

a Schreibe auf, was die sechs Bücher gemeinsam haben.

Heft 4, S. 40 ①
a) Alle sechs Bücher ...
b) 1 = A, ...

Eigentlich soll Rico ja nur ein Ferientagebuch führen. Schwierig genug für einen, der leicht den roten Faden verliert – oder war er grün oder blau? Als er dann auch noch Oskar kennenlernt und die beiden dem berüchtigten Entführer Mister 2000 auf die Spur kommen, geht in seinem Kopf alles ganz schön durcheinander. Doch zusammen verlieren sogar die Tieferschatten etwas von ihrem Schrecken. Es ist der Beginn einer wunderbaren Freundschaft ... ◇ **A**

Ra genießt seine Rolle als Lieblingskatze des Pharaos. Und denkt überhaupt nicht daran, sich zu kümmern, als ein Amulett aus dem Palast verschwindet. Er würde lieber weiter faul rumliegen und die warme ägyptische Sonne genießen. Doch sein Freund, ein kluger und fleißiger Skarabäuskäfer, besteht darauf, den Fall zu untersuchen, um das junge Küchenmädchen zu retten, dem das Verbrechen angehängt wurde. Das komisch ungleiche Duo ist an dem Fall dran! ◇ **B**

„Ob es wohl gefährlich ist, so ein Leben als Detektiv?" Herr Jaromir, ausgestattet mit einem scharfen Verstand, einer untrüglichen Spürnase und vier flinken Pfoten, ist sich sicher: Er wird von nun an dem berühmten Detektiv Lord Huber als treuer Assistent zur Seite stehen! Und schon ist das ungewöhnliche Duo mitten in seinem ersten Fall: dem mysteriösen Diebstahl unschätzbar kostbarer Juwelen. In dem eleganten See-hotel macht sich fast jeder verdächtig ... Doch wer Herrn Jaromir für einen ganz normalen Dackel hält, der hat schon so gut wie verspielt! ◇ **C**

Warum hat Kalle Blomquist, der Meisterdetektiv, nur nicht das Glück gehabt, in London oder Chicago zur Welt zu kommen, wo Verbrechen an der Tagesordnung sind? Stattdessen lebt er in diesem langweiligen Kleinköping in Schweden, wo rein gar nichts passiert! Doch dann geschieht plötzlich ein Juwelendiebstahl und danach reißen die spannenden Fälle für Kalle und seine Freunde Anders und Eva-Lotta nicht mehr ab! ◇ **D**

Was ist nur mit Lina los? Ausgerechnet die erfahrenste Detektivin der Forschungsgruppe Erbsensuppe verhält sich plötzlich höchst verdächtig. Haben vielleicht die vielen Anträge, die das Mädchen aus Syrien ausfüllen muss, etwas mit dem seltsamen Verhalten zu tun? Und welche Rolle spielt der geheimnisvolle Junge auf dem Foto? Als sich dazu noch die Zwei Fragezeichen an Linas Fersen heften, ist Evi und Nils klar, dass auch sie heimlich ermitteln müssen. ◇ **E**

Zum ersten Mal darf Emil allein nach Berlin fahren. Seine Großmutter und seine Cousine Pony Hütchen erwarten ihn am Blumenstand im Bahnhof Friedrichstraße. Aber Emil kommt nicht, auch nicht mit dem nächsten Zug. Während Großmutter und Pony Hütchen überlegen, was nun geschehen soll, hat Emil sich bereits in eine aufregende Verfolgungsjagd gestürzt, immer hinter dem Dieb her, der ihm im Zug sein ganzes Geld gestohlen hat. Zum Glück bekommt Emil bald Unterstützung: von Gustav mit der Hupe und einer Schar gleichaltriger Jungen. ◇ **F**

b) Ordne den Covern die Klappentexte zu.

| 1 | 2 | 3 | 4 | 5 | 6 |

2 Überlege, aus welchem der Bücher
dieser Textausschnitt wohl stammt.
Schreibe den Titel und die Autorin auf.

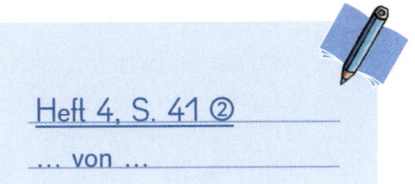

Heft 4, S. 41 ②

… von …

Verbrechen war das Letzte, woran ich dachte, als mein Leben mit einem Mal
abenteuerlich wurde. An jenem Tag lag ich ausgestreckt am Teich und tat,
was ich am besten kann – nämlich absolut gar nichts.
„Du bist das faulste Tier, das ich kenne", sagte mein Freund Khepri.
Ich beachtete ihn gar nicht. Khepri ist ein Käfer. Er ist gerade mal so groß
wie eine meiner Pfoten und spricht ganz leise. Doch als er an mir hochkrabbelte
und mir dasselbe noch einmal ins Ohr sagte, gähnte ich und öffnete die Augen
einen Schlitz weit. ◇

3 Wähle einen Titel aus ① aus, den du gern lesen
oder hören würdest. Begründe.

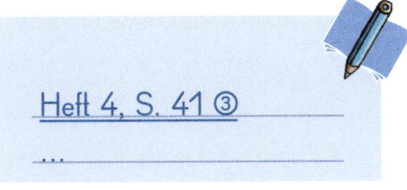

Heft 4, S. 41 ③

…

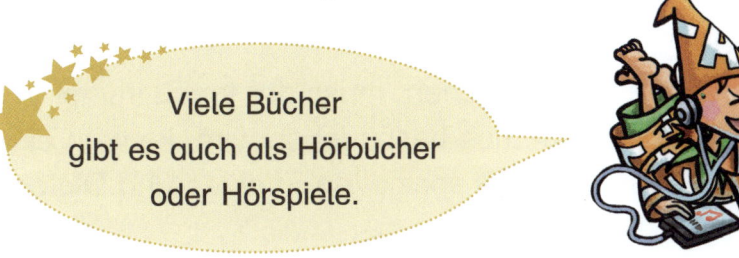

Viele Bücher
gibt es auch als Hörbücher
oder Hörspiele.

4 Stell dir vor, du wärst ein Detektiv oder eine Detektivin.
Wie würdest du aussehen? Welche besonderen Eigenschaften hättest du?
Male ein Bild auf ein Blatt Papier. Schreibe einen kurzen Text.

> Inhalte von Büchern werden oft auch als Hörbücher, Hörspiele, Filme oder Spiele umgesetzt.

1 Lies die Bewertung zum Film „Rico, Oskar und die Tieferschatten".

Rico und Oskar haben gerade erst Freundschaft geschlossen, als Oskar in die Fänge des gefürchteten Kindesentführers „Mister 2000" gerät. Jetzt muss Rico sich als „echter" Freund bewähren und Oskar retten. Das ist nicht so einfach für einen, der rechts und links und West und Ost nicht gut auseinanderhalten kann. Rico ist nämlich „tiefbegabt".
Dass er ausgerechnet mit dem ängstlichen Superhirn Oskar Freundschaft schließt, ist trotzdem nicht verwunderlich. Denn beide Jungs sind ein wenig anders als die anderen – und ein wenig einsam. Zusammen, das merken Rico und Oskar, ist die Welt viel schöner. Deshalb setzt Rico auch alles daran, seinen gekidnappten neuen Freund zu finden. Er saust quer durch die große Stadt, um herauszufinden, wer der fiese Entführer ist …

Ein bunter, quirliger Film voller ulkiger Figuren, mit viel Witz und einer schönen Freundschaftsgeschichte. Besonders toll sind die Szenen, in denen Rico und Oskar sich gemeinsam gegen fiese Eisverkäuferinnen, knittrige Muffelköpfe und Kinderhasser aus der Nachbarschaft oder unwirsche Taxifahrer durchsetzen. ◇

2 Überlegt, ob ihr den Film gern sehen würdet. Begründet eure Entscheidung.

3 Lies den Text über die Verfilmung von Büchern.
Notiere, welche Methoden in Filmen genutzt werden.

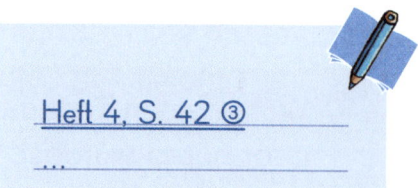

Heft 4, S. 42 ③
…

Um aus einem Buch einen guten Film zu machen, muss der Inhalt immer umgestaltet werden. Was im Buch ausführlich beschrieben wird, kann in einem Film nur mit Handlungen, Bildern, Musik, mit speziellen Effekten und Dialogen dargestellt werden.
Manches, was in einem Buch ganz einfach nebenbei erzählt werden kann, muss in einem Film besonders trickreich in Szene gesetzt werden. So werden z. B. Gedanken oder auch Dinge, die bereits früher geschehen sind, langsamer oder in anderen Farben dargestellt, damit die Zuschauer das auch erkennen können.

④ Lies den Abschnitt aus dem Buch „Rico, Oskar und die Tieferschatten".

Ich sollte an dieser Stelle wohl erklären, dass ich Rico heiße und ein tiefbegabtes Kind bin. Das bedeutet, ich kann zwar sehr viel denken, aber das dauert meistens etwas länger als bei anderen Leuten. An meinem Gehirn liegt es nicht, das ist ganz normal groß. Aber manchmal fallen ein paar Sachen raus, und leider weiß ich vorher nie, an welcher Stelle. Außerdem kann ich mich nicht immer gut konzentrieren, wenn ich etwas erzähle.
Ich bringe immer links und rechts durcheinander, auch auf dem Kompass. In meinem Kopf geht es manchmal so durcheinander wie in einer Bingotrommel. ◇

Andreas Steinhöfel

⑤ Beschreibe, wie du eine Situation verfilmen würdest, in der Ricos Gedanken durcheinandergeraten.

Heft 4, S. 43 ⑤

...

⑥ Lies, wie solche Situationen im Film umgesetzt werden.

Ricos Gedanken kullern in anstrengenden Situationen wie Bingokugeln durch seinen Kopf. Um dies im Film darzustellen, nutzt der Film eine besondere Bildsprache: die Bingotrommel mit den Kugeln dreht sich, außerdem werden Ricos Gedanken mit Bilddopplungen dargestellt, sodass die Szenen für den Zuschauer verschwommen aussehen.
Wenn Rico wieder einmal besonders angestrengt nachdenkt, zum Beispiel wenn er nicht mehr weiß, wo rechts und links ist, folgt ihm die Kamera im Zeitraffer und zeigt so das Durcheinander und Tempo seiner Gedanken.

 ⑦ Vergleicht eure Ideen aus ⑤ mit der Umsetzung im Film aus ⑥.
Besprecht, wie euch die Darstellung im Film gefällt.
Begründet eure Meinung.

Lernportion 5: Autorinnen und Autoren, Bücher und andere Medien kennenlernen

1 Lies, worum es in dem Buch „Pembo" geht.

1 Das Mädchen Pembo hat fast jeden Tag gute Laune,
denn sie lebt direkt am Meer im schönsten Land der Welt.
Aber eines Tages muss sie mit ihrer Familie ihr Zuhause
verlassen und nach Deutschland umziehen. Pembo will nicht.
5 Sie liebt die Sonne, das Meer und die Freunde in ihrer Heimat.
Angekommen in einer fremden großen Stadt findet Pembo
dort zunächst alles grau und kalt. Sie kennt niemanden.
Sie fühlt sich zerrissen zwischen Hier und Dort.
Und auch das neue Geschäft von Baba Mustafa wird zunächst ein Riesenflop.
10 Endet der ganze Umzug in einer Katastrophe?
Doch dann entdeckt Pembo, wie schön es sein kann, auf neue Abenteuer
und neue Freunde zuzugehen.

2 Besprecht, ob „Pembo" ein fröhliches oder ein trauriges Buch sein könnte.
Begründet eure Meinung.

3 Überlegt, wie es euch in Pembos Situation gehen würde.

a Tauscht euch darüber aus, ob ihr schon einmal von zu Hause wegziehen musstet.
Beschreibt, wie ihr euch gefühlt habt oder wie ihr euch fühlen würdet.

b Nicht alles kann man bei einem Umzug mitnehmen.
Was würdet ihr am meisten vermissen? Was würdet ihr unbedingt mitnehmen?

c Besprecht, ob ihr euch auch auf etwas freuen würdet.

5

④ Sieh dir das Bild von Pembo an. Beschreibe, wie Pembo sich auf dem Bild fühlen könnte. Begründe deine Einschätzung.

Heft 4, S. 45 ④
Ich denke, Pembo ist …

⑤ Lies den Text.

1   Ich glaube, dass Mama auch nicht von hier wegwill, aber sie möchte es Baba nicht noch schwerer machen. Wenn das Babas großer Traum ist, dann kommt sie mit, hat sie gesagt, obwohl sie hier immer total glücklich war. WAR! … Wenn ich nur daran denke, dass unser Leben hier bald WAR und nicht mehr IST,
5   spüre ich wieder die Lava in mir. Mit einem Ruck drehe ich mich um und schreie meinen Vater an, der wieder erschrocken einen Satz zurück macht.
    „Wie oft willst du eigentlich noch mein Leben ruinieren? Erst gibst du mir den schrecklichsten Namen der Welt und jetzt willst du, dass ich auch noch ins schrecklichste Land der Welt ziehe?"
10 Ich weiß, dass ich gerade so richtig gefährlich aussehe, ungefähr so wie ein wild gewordenes Kaninchen, aber das ist mir so was von egal. Verdammt noch mal. Hier geht es gerade um alles, und dieses alles muss aus mir raus! ◇

Ayşe Bosse

 ⑥ Tauscht euch über den Text aus ⑤ aus.

ⓐ Besprecht, ob eure Vermutungen aus ④ richtig waren.

ⓑ Überlegt gemeinsam, was Pembo mit „alles" meint.

ⓒ Lest euch den Text abwechselnd ausdrucksvoll vor. Beachtet dabei Pembos Gefühle.

Lernportion 5: Autorinnen und Autoren, Bücher und andere Medien kennenlernen

> **Fabeln** sind **kurze, lehrreiche Geschichten**, in denen oft zwei Tiere
> die Hauptfiguren sind. Sie sprechen und handeln wie Menschen.
> Die Tiere stehen für bestimmte menschliche Eigenschaften, zum Beispiel
> ist der Wolf grimmig, der Löwe mächtig und die Ameise fleißig.

① Lies die Fabel.

Rabe und Fuchs

1 Ein Rabe, der ein Stück Käse stibitzt hatte, saß auf einem Ast,
   um in Ruhe seine Beute zu verzehren. Da kam ein
   streunender Fuchs vorbei. „Hm, lecker!", dachte der Fuchs.
   „So ein Käsehappen würde mir jetzt auch schmecken.

5 Wie soll ich nur an die Leckerei gelangen?"
   Der Fuchs überlegte eine Weile. Dann hatte er eine Idee. „Guten Tag, Herr Rabe!",
   rief er freundlich. „Was für schöne Federn du hast! Wenn auch dein Gesang
   so schön wie dein Gefieder ist, solltest du dafür einen Preis bekommen."
   Der Rabe fühlte sich durch die Worte des Fuchses sehr geschmeichelt.

10 Der Fuchs blinzelte listig: „Ach, könnte ich doch nur eine Kostprobe
   deiner Sangeskunst hören!" Da öffnete der Rabe den Schnabel und
   krächzte stolz: „Krah, krah, krah!" Dabei fiel ihm der Käse aus dem Schnabel.
   Schnell schnappte sich der Fuchs die Beute und verschlang sie in einem Stück.
   Der Rabe war über die List des Fuchses sehr empört.

15 „Du hast mich nur gelobt, um an den Käse zu gelangen!", rief er wütend.
   „Das mag wohl sein! Aber auch dein Hochmut trägt Schuld daran,
   dass du nun selbst nichts mehr hast", lachte der Fuchs und
   ging satt und zufrieden seines Weges.

nach Äsop

② Ordnet Fuchs und Rabe jeweils drei Eigenschaften zu.

| schlau | eitel | gierig | dumm |

| hochmütig | listig |

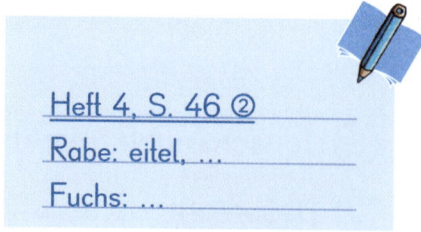

Heft 4, S. 46 ②
Rabe: eitel, …
Fuchs: …

③ Besprecht, welche List der Fuchs anwendet, damit der Rabe den Käse fallen lässt.

Oft steht am Ende einer Fabel eine **Lehre** (Moral).
Manchmal muss man sie auch selbst finden.
Man kann aus der Lehre einer Fabel **etwas lernen**.

1 Lies die Fabel.

Das Pferd und der Esel

1 Ein Pferd begegnete einem Esel, der zwei schwere Säcke auf dem Rücken trug.
Unter dem Gewicht brach er fast zusammen. Das Pferd tänzelte neben ihm her.
„Wie froh bin ich, kein Esel zu sein", sagte es.
„Ach", meinte der kleine Esel, „hilf mir doch und nimm mir einen Sack ab."
5 „Ich soll einem Esel helfen? Was fällt dir ein?", empörte sich das Pferd.
„Die Hälfte meiner Last wäre doch ein Spiel für dich", sagte der Esel.
Das Pferd lachte und machte sich noch ein Vergnügen daraus, den Esel mit
groben Worten anzutreiben. Da brach der Esel unter seiner Last zusammen.
Der Müller, dem der kleine Esel gehörte, versuchte, ihn wieder auf die Beine
10 zu stellen. Es gelang ihm nicht.
„Du kommst mir gerade recht", sagte er zum Pferd.
Er packte ihm die ganze Last auf den Rücken und den Esel noch obendrauf. ◇

nach Jean de La Fontaine

2 Fabellehren sind oft Sprichwörter.
Entscheidet gemeinsam, welche Lehre die Leserin oder der Leser
aus dem Erlebnis von Pferd und Esel ziehen kann.

 AH 49, 50

Lernportion 6: Fabeln und Sagen

Plenum: sich über eine Fabel austauschen und sich für eine Lehre entscheiden;
Sprichwörter sammeln, die als Lehre einer Fabel dienen können

 **47**

① Lies die Fabel.

Der Fuchs und der Storch

1 Ein Fuchs, der in der Nähe eines Weihers lebte und einen Storch
zum Nachbarn hatte, lud diesen eines Tages zum Essen ein.
Er kochte eine köstliche Suppe und richtete sie
auf einem flachen Teller an. Dem Storch
5 lief das Wasser im Schnabel zusammen.
„Greif zu", sagte der Fuchs zu seinem Gast.
Doch von der flachen Platte versuchte der Storch
vergeblich, einen Schluck der Flüssigkeit
in seinen Schnabel zu bekommen.

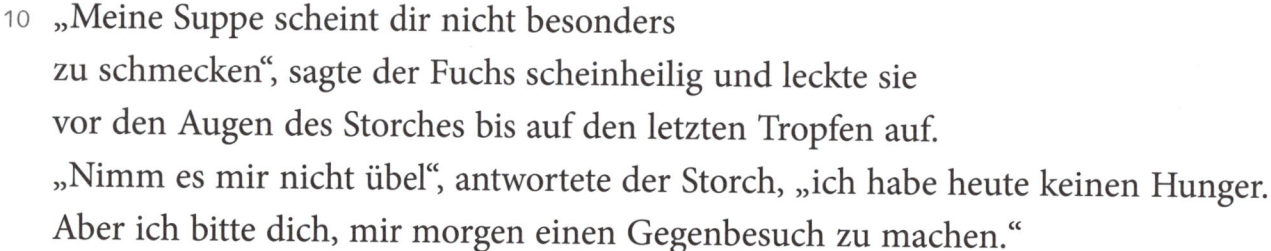

10 „Meine Suppe scheint dir nicht besonders
zu schmecken", sagte der Fuchs scheinheilig und leckte sie
vor den Augen des Storches bis auf den letzten Tropfen auf.
„Nimm es mir nicht übel", antwortete der Storch, „ich habe heute keinen Hunger.
Aber ich bitte dich, mir morgen einen Gegenbesuch zu machen."
15 „Gern", sagte der Fuchs.

Als der Fuchs am folgenden Tag beim Storch erschien,
drang ihm schon von Weitem der Geruch
eines guten Essens in die Nase.
„Greif zu", sagte der Storch genauso höflich,
20 wie der Fuchs es am Tag zuvor getan hatte, und
stellte eine hohe Flasche auf den Tisch.
Durch das Glas erblickte der Fuchs
die Leckerbissen, aber mit der Zunge konnte er
auch nicht einen Happen erwischen.

25 „Mein lieber Fuchs", sagte der Storch, „wie ich gestern
scheinst auch du heute keinen Hunger zu haben. Das tut mir leid."
Der Storch nahm sein Essen mit dem spitzen Schnabel und ließ es sich schmecken.
Der Fuchs aber machte sich mit leerem Magen und
eingezogenem Schwanz davon.

nach Äsop

 2 Tauscht euch über das Verhalten von Fuchs und Storch aus.

a Wie findet ihr das Verhalten des Fuchses, als der Storch zu Gast ist?

b Wie geht es dem Storch als Gast? Beschreibt seine Gefühle.

c Wie verhält sich der Storch, als er den Fuchs einlädt?
Besprecht, ob ihr genauso handeln würdet.

 3 Formuliert eine passende Lehre zur Fabel.
Begründet eure Entscheidung.

 4 Spielt die Fabel mit Stabpuppen nach.

a Überlegt, welche Tiere, Gegenstände und Hintergründe ihr braucht.
Bastelt dann euer Stabpuppenspiel.

b Übt, die Fabel mit verteilten Rollen vorzuspielen.
Ihr könnt auch eigene Sätze einfügen.

c Spielt die Fabel einer anderen Zweiergruppe vor.

Lernportion 6: Fabeln und Sagen

Plenum: sich gegenseitig wertschätzende Rückmeldungen zum Vorspiel geben
MK-Tipp: eine Fabel szenisch spielen und auf Video aufnehmen

> Eine **Sage** ist eine **Geschichte mit einem wahren Kern**.
> Sie erzählt von echten Orten und bestimmten Personen. Manches davon ist wahr, aber viele Dinge wurden fantasievoll dazuerfunden. In einer Sage können Tiere sprechen und es gibt Menschen mit übernatürlichen Kräften. Diese haben manchmal magische Gegenstände.
> Es gibt zum Beispiel den Erdteil Europa und die Insel Kreta, aber die Verwandlung des Gottes Zeus in einen Stier wurde erfunden.

1 Lies die Sage aus Griechenland.

Die Sage von Europa

1   Im alten Griechenland gab es viele verschiedene Götter.
Eros war der Gott der Liebe. Gern schoss er mit seinen Pfeilen.
Sie wirkten Wunder: Wer von ihnen getroffen wurde, musste
sich sofort verlieben.

5   Einmal schoss Eros einen Pfeil auf Zeus, den Vater aller Götter.
Dieser sah sich gerade auf der Erde um. Dabei erblickte er Europa,
die Tochter des Königs Agenor. Sie war wunderschön und Zeus
verliebte sich sofort in sie, denn der Pfeil des Eros hatte ihn ja
getroffen. Zeus war jedoch mit Hera verheiratet, die sehr

10   eifersüchtig war. Deshalb legte er fest, dass jeder Gott von nun an
auch eine irdische Gemahlin haben durfte. Und er, Zeus, wollte sich
mit Europa vermählen und mit ihr Kinder haben. Dazu musste er sie
jedoch erst einmal kennenlernen.
Zeus verwandelte sich also in eine Wolke und schwebte zur Erde,

15   um Europa nah zu sein. Das Mädchen spielte gerade mit ihren
Freundinnen auf einer Wiese Ball. Neben ihnen war eine Herde
Rinder auf der Wiese. Zeus stieg aus seiner Wolke und verwandelte
sich in einen schönen Stier mit glänzendem Fell und silbernen
Hörnern. Die Mädchen wunderten sich über das schöne Tier und

20   riefen: „Schau, Europa, was für ein schöner Stier!"
Der Stier ging zu den Mädchen, legte sich auf die Wiese und ließ sich
sogar von den Mädchen streicheln.

Europa war begeistert von dem schönen Tier und stieg schließlich
sogar auf seinen Rücken. Da erhob sich der Stier und machte

25 behutsam einige Schritte. Doch mit einem Mal lief er immer schneller
und schneller. Europa machte das gar nichts aus. „Lauf nur weiter,
mein schöner Stier!", rief sie. Und das tat er auch.
Der Stier galoppierte zum Meeresstrand. Dort machte er aber nicht
halt, sondern stürzte sich in die Fluten. Stundenlang schwamm er,

30 bis sie endlich eine Insel erreichten. Der Stier ging an Land und ließ
Europa absteigen. Nun verwandelte sich Zeus wieder in einen großen
und stattlichen Mann. Er sprach zu Europa: „Wir sind auf der Insel Kreta.
Hier bin ich der König. Willst du meine Königin werden? Wenn nicht,
bringe ich dich zu deinem Vater zurück."

35 Europa war sehr verwundert, doch sie sprach: „Ich werde gern deine
Königin!" So wurde Europa die Königin der griechischen Insel Kreta.
Sie herrschte lange Zeit und Zeus besuchte sie immer wieder.
Europa wurde sehr alt. Aber irgendwann musste sie sterben, denn
sie war ein Mensch. Ihren Tod konnte selbst Zeus nicht verhindern.

40 Lange überlegte er, wie er Europa unsterblich machen könnte.
Schließlich beschloss er, einen Kontinent nach seiner geliebten
irdischen Gattin zu benennen.
Seither heißt der Kontinent, zu dem Griechenland gehört, Europa.

nach Dimiter Inkiow

② Die Bilder erzählen die Sage von Europa.
Bringe sie in die richtige Reihenfolge
und du bekommst ein Lösungswort.

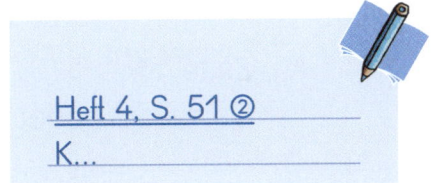

Heft 4, S. 51 ②
K...

E

R

A

K

T

1 Finde zu den Aussagen die passenden Textstellen auf den Seiten 50 und 51. Notiere die Zeilenziffern.

A	Der griechische Gott Eros hatte besondere Pfeile.
B	Europa war eine Königstochter.
C	Zeus verwandelte sich in eine Wolke und in einen Stier.
D	Nach Europas Tod benannte Zeus einen Kontinent nach ihr.

Heft 4, S. 52 ①
A: 2 – ...
B: ...

2 Entscheide, welche Bedeutung die Wörter im Text haben.

Heft 4, S. 52 ②
A: Gemahlin bedeutet ...
B: ...

A	Zeile 11: Gemahlin bedeutet	★ Verwandte	★ Ehefrau	★ Freundin
B	Zeile 11: irdisch bedeutet	★ auf der Erde	★ aus Irland	★ aus Erde
C	Zeile 25: behutsam bedeutet	★ schwungvoll	★ in Windeseile	★ vorsichtig
D	Zeile 32: stattlich bedeutet	★ reich	★ stark	★ dünn

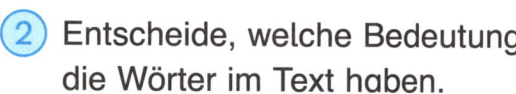

Lernportion 6: Fabeln und Sagen

D 42

1 Lies die sechs Gedichte ohne Reim.

Biologie

Dieser Baum ist knorrig,
weil er alt ist.
Er ist verzweigt,
weil er viel erlebt hat.
Er ist nicht schön,
aber in seinen Zweigen
ist ein Nest.

Klaus Kordon

Staune

dass du bist
erlebe die welt
als wunder
jedes blatt hat sein
geheimnis
jeder grashalm bleibt
ein rätsel ◇

Günter Ullmann

Der Stein

In meiner Hand
liegt ein kühler Stein.

Meine Hand
wärmt den Stein.

Meine Finger
schließen Freundschaft
mit dem Stein.

Georg Bydlinski

Frage

Ich rede
du redest
wir reden
sie reden
Und wer hört zu?

Roswitha Fröhlich

Aufruhr

Das Wasser brodelt
im Kochtopf,
der Blechdeckel
klipperdiklappert.

Josef Guggenmos

Gartenarbeit

Dem Birnbaum zureden,
Gras wachsen lassen,
wo es wächst. ◇

Thomas Rosenlöcher

2 Wähle ein Gedicht aus,
das dir besonders gefällt.
Begründe deine Entscheidung.

> Viele Gedichte sind in Strophen aufgeteilt. Die einzelnen Zeilen heißen Verse.

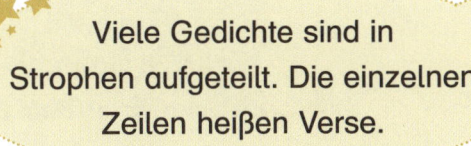
Heft 4, S. 53 ②
Mir gefällt das Gedicht
... von ... am besten,
weil ...

3 Wähle zwei Gedichte aus ① aus.
Untersuche in jedem Gedicht:

– Wie heißt die Überschrift?
– Wie heißt der Autor oder die Autorin?
– Wie viele Strophen und Verse hat das Gedicht?
– Was ist das Thema des Gedichts?

Heft 4, S. 53 ③
Gedicht 1: ...

Gereimte Gedichte können **unterschiedliche Reimmuster** haben.
Um ein Reimmuster zu erkennen, überprüfst du die Reimwörter
am Ende der Verse.

Über einen grünen Rasen   **a**
tollen zweiundzwanzig Hasen,   **a**
schlagen Haken kreuz und quer,   **b**
etwas Rundem hinterher. ◇   **b**

Georg Bydlinski

Bei einem **Paarreim** reimen sich immer zwei aufeinanderfolgende Verse nach dem Muster **aabb**.

Ein Löwe, groß und fürchterlich,   **a**
begann vor Wut zu weinen: **b**
Er suchte einen Reim auf sich,   **a**
doch leider fand er keinen. ◇   **b**

James Krüss

Bei einem **Kreuzreim** stehen die Reime „über Kreuz". Es reimen sich der erste und der dritte sowie der zweite und der vierte Vers nach dem Muster **abab**.

Will man was ganz stark und fest,   **a**
geht's auch ohne Wunschmaschine.   **b**
Selbst ein Schwein lernt Violine,   **b**
wenn es nur nicht lockerlässt.   **a**

Paul Maar

Bei einem **umarmenden Reim** reimen sich jeweils der erste und der vierte sowie der zweite und der dritte Vers nach dem Muster **abba**.

① Ordne jedem der sechs Gedichte das passende Reimmuster zu.

Heft 4, S. 54 ①
Sei nett: abba
Das Krokodil: ...

Sei nett

Das große, starke, schwarze Tier
trägt rechts und links ein Horn.
Sei nett zu ihm, weck keinen Zorn,
sonst tritt er dich, der Stier.

Das Krokodil

Ein Krokodil reißt auf sein Maul
mit messerscharfen Zähnen.
Doch keine Angst! Heut ist es faul.
Es musste nur mal gähnen.

Nachts im Wald

Du hörst des Nachts gar schauriges Geheule,
im dunklen, finsteren Tannenwald.
Der Ton von oben hallt und schallt,
bleib ruhig, es ist die Eule.

Der Specht

Es hackt der Specht auf Futtersuche
ganz viele Löcher in die Buche.
Er klopft, bis er Insekten findet,
dann ist er glücklich und verschwindet.

Die Katze

So ist die Katze: allzeit rein.
Und wie auf Moos geht sie, so fein.
Da gäbe manche Maus was drum,
hätt jede Katz ein Glöcklein um.

Josef Guggenmos

Das Nilpferd

Wer nie ein Nilpferd gähnen sah,
der weiß nicht, wie man gähnen kann.
Denn so aus Herzensgrund Uu-aah!!
kann's keiner, weder Gaul noch Mann.

Josef Guggenmos

(2) Schreibe die Verse des Gedichtes
in der richtigen Reihenfolge auf.
Notiere das Reimmuster.

Heft 4, S. 55 ②
Wenn …

übt es in einem fort,

Wenn ein Gedicht auf dem Trampolin springt,

endlich ein Salto gelingt.

bis ihm bei diesem Sport

◇ *Gerald Jatzek*

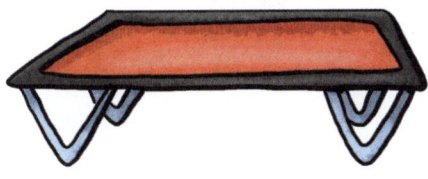

(3) Wähle ein Gedicht aus ① aus.
Lerne es auswendig.
Trage es einem Partnerkind vor.

① Finde die richtige Reihenfolge der Gedichtstrophen heraus.

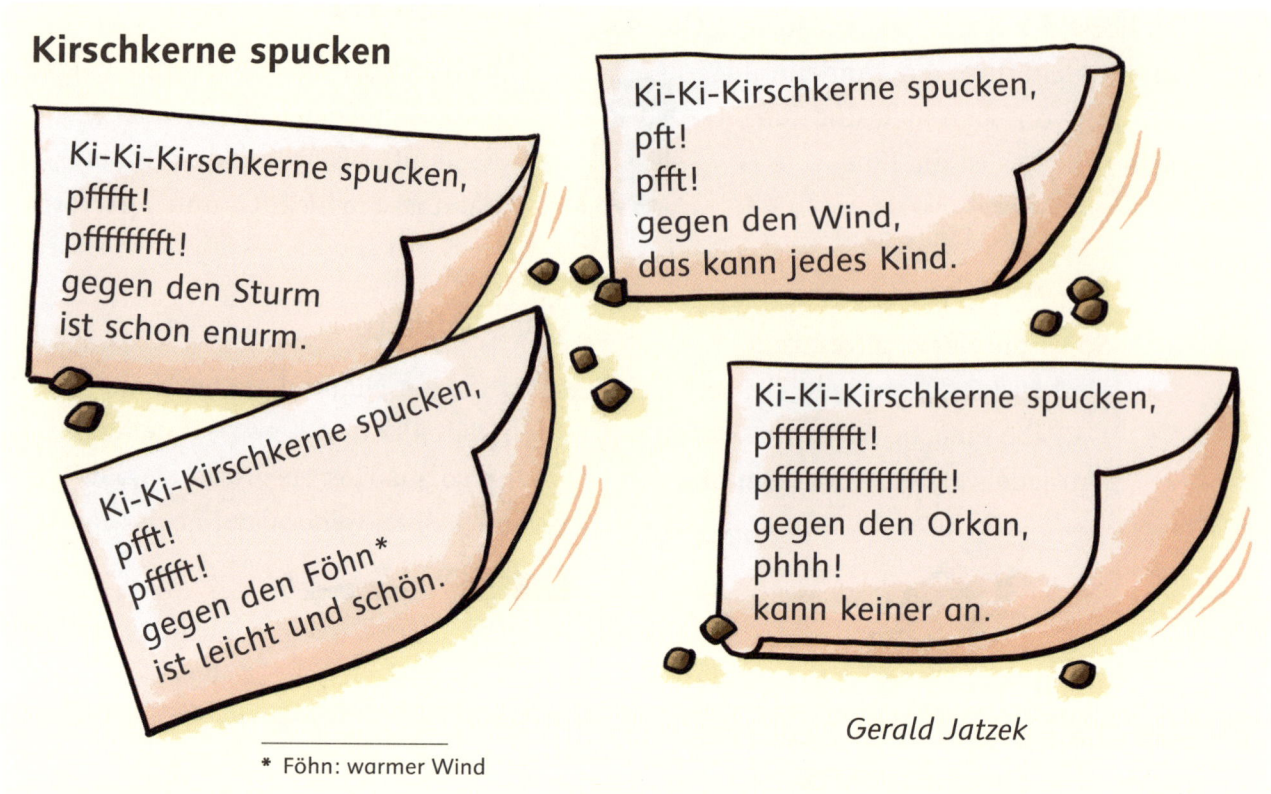

Kirschkerne spucken

Ki-Ki-Kirschkerne spucken,
pfffft!
pfffffffft!
gegen den Sturm
ist schon enurm.

Ki-Ki-Kirschkerne spucken,
pft!
pfft!
gegen den Wind,
das kann jedes Kind.

Ki-Ki-Kirschkerne spucken,
pfft!
pffft!
gegen den Föhn*
ist leicht und schön.

Ki-Ki-Kirschkerne spucken,
pfffffffft!
pfffffffffffffffft!
gegen den Orkan,
phhh!
kann keiner an.

Gerald Jatzek

_____
* Föhn: warmer Wind

② Schreibe die zwei sprachlichen Besonderheiten heraus, an denen du die Reihenfolge der Strophen erkannt hast.

Heft 4, S. 56 ②
1. Wind, ...
2. ...

③ Untersuche das Gedicht.

- Wie heißt die Überschrift?
- Wie heißt der Autor?
- Wie viele Strophen hat das Gedicht?
- Wie viele Verse hat das Gedicht?

Heft 4, S. 56 ③
Überschrift: Kirschkerne spucken
Autor: ...
...

④ Schreibe die Reimwortpaare heraus.

Heft 4, S. 56 ④
Wind – Kind, ...

 ⑤ Tragt euch das Gedicht gegenseitig ausdrucksvoll vor.

1 Lies das Gedicht.
Erkläre einem Partnerkind,
was das Besondere
an dem Gedicht ist.

> Ein Satz, den man so schreibt, ist kein Gedicht.
>
> Ein Satz,
> den man so schreibt,
> wird ein Gedicht.
>
> Ein Satz,
> den man
> so
> schreibt, ist ein Gedicht –
> so ein Gedicht.
>
> *Wenzel Wolff*

2 Schreibe selbst einen Satz als Gedicht.

a Wähle einen der Sätze aus. Schreibe ihn am Computer ab.

> Doch von all diesen Welten hatte er am liebsten den Mond.

> Nachts stand er am Fenster und sah den Mond über der Keksfabrik aufgehen und langsam in den Himmel steigen.

> Und dann denke ich an die beiden Astronauten und denke daran, dass die Spuren, die sie mit ihren großen Stiefeln hinterlassen haben, noch immer da sind, heute Nacht, morgen Nacht, jede Nacht. ◇

Mark Haddon

b Überlege und probiere aus,
wo eine neue Zeile
beginnen soll.

> Ich beginne eine neue Zeile,
> wenn ich eine Pause einfügen oder
> ein Wort hervorheben möchte.

3 Tragt euch eure Gedichte ausdrucksvoll vor.
Beachtet dabei euren Gedichtaufbau.

Lernportion 7: Verschiedene Gedichte untersuchen

MK: einen Satz als Gedicht am Computer gestalten
Plenum: sich gegenseitig wertschätzende Rückmeldungen zum Vortrag geben

  57

(1) Lies das Gedicht.

Nach dem Spülen

Und Löffel zu Löffel ins Löffelfach
und Gabel zu Gabel ins Gabelfach
und Messer zu Messer ins Messerfach –
      Ach, was für'n Krach!
      Wenn ich will, bin ich still.
Und Löffel zu Löffel ins Löffelfach
und Gabel zu Gabel ins Gabelfach
und Messer zu Messer ins Messerfach –
      Wenn ich will, bin ich still.
      Manchmal, wenn ich lustig bin,
      werf ich alles lustig hin:
Und Löffel zu Löffel ins Gabelfach
und Gabel zu Gabel ins Messerfach
und Messer zu Messer ins Löffelfach –
      Manchmal, wenn ich lustig bin,
      werf ich alles lustig hin.
      Manchmal geht es mir so gut,
      da packt mich der Übermut:
Und Löffel zu Gabel ins Messerfach
und Gabel zu Messer ins Löffelfach
und Messer zu Löffel ins Gabelfach –
      Ach, was für'n Krach!
      Wenn ich will –
      bin ich still.

Erwin Grosche

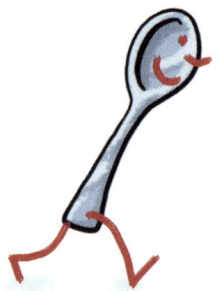

Bei diesem Gedicht kommt es vor allem auf das rhythmische Sprechen an.

(2) Lies das Gedicht flüsternd.
Klopfe leise mit dem Fuß, der Hand oder einem Stift
passend zu deinem Sprechrhythmus.

(3) Tragt euch das Gedicht gegenseitig vor.
Unterstützt den Sprechrhythmus, indem ihr mit Besteck
oder Stiften passende Geräusche macht.

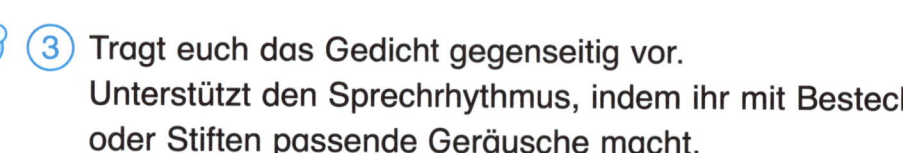

> Eine **Ballade** ist ein meist **längeres Gedicht**, das eine **ganze Geschichte** erzählt und sich besonders gut zum Vortragen eignet.

① Lies die Ballade.

Ballade vom schweren Leben des Ritters Kauz vom Rabensee

1 Es war ein alter Ritter,
Herr Kauz vom Rabensee.
Wenn er nicht schlief, dann stritt er.
Er hieß: der Eiserne.

5 Sein Mantel war aus Eisen,
Aus Eisen sein Habit[1].
Sein Schuh war auch aus Eisen.
Sein Schneider war der Schmied.

Ging er auf eine Brücke
10 Über den Rhein – pardauz[2]!
Sie brach in tausend Stücke.
So schwer war der Herr Kauz.

Lehnt er an einer Brüstung,
Es macht sofort: pardauz!
15 So schwer war seine Rüstung.
So schwer war der Herr Kauz.

Und ging nach solchem Drama
Zu Bett er, müd wie Blei:
Sein eiserner Pyjama[3]
20 Brach auch das Bett entzwei.

Der Winter kam mit Schnaufen,
Mit Kälte und mit Schnee.
Herr Kauz ging Schlittschuh laufen
Wohl auf dem Rabensee.

25 Er glitt noch eine Strecke
Aufs stille Eis hinaus.
Da brach er durch die Decke
Und in die Worte aus:

Potz Bomben und Gewitter,
30 Ich glaube, ich ersauf!
Dann gab der alte Ritter
Sein schweres Leben auf.

Peter Hacks

---

1 Habit: Gewand, Kleid   **2** pardauz: lautmalerische Beschreibung eines Knalls   **3** Pyjama: Schlafanzug

Bei einer **Fotostory**[1] wird jeder Abschnitt einer Geschichte mit Bildern erzählt. Damit man die Handlung und die Gefühle der Personen verstehen kann, ist die **Körpersprache** besonders wichtig. Oft gibt es auch **Sprechblasen** wie bei einem Comic.

1 Story (engl.): Geschichte

① Sieh dir die Fotostory an.

2 Ordnet jedem Bild von Seite 60 eine Textaussage zu.

– Die Lehrerin geht an der Schlange vorbei und zählt die Kinder.
– Ole ist nun der Letzte in der Reihe und ärgert sich.
– Die Lehrerin sieht Ole streng an und schimpft.
– Die Kinder warten vor dem Schwimmbad und Ole spielt Jo-Jo.
– Die Lehrerin stellt sich an das Ende der Schlange und geht mit ihnen zum Eingang.
– Ole drängelt sich an den ersten Platz.

3 Überlegt gemeinsam, was die Personen auf den Bildern sagen oder denken könnten.

4 Findet eine passende Überschrift zur Fotostory.

5 Entwerft eine Fotostory zum Witz.

a) Lest den Witz.

b) Überlegt, wie ihr ihn in vier Bildern darstellen könnt.

Zwei Brüder haben Streit.
Bei ihrer Rauferei geht etwas Wertvolles zu Bruch.
Die beiden schauen betreten zu Boden und überlegen,
wer das nun am besten der Mutter beibringt.
Bis der Jüngere aufschaut und meint:
„Das machst am besten du,
du kennst sie schon länger!"

Es können natürlich auch zwei Schwestern sein.

c) Zeichnet die Bilder mit Strichmännchen auf vier Blättern auf. Überlegt euch zu jedem Bild Sprechblasen und ergänzt sie.

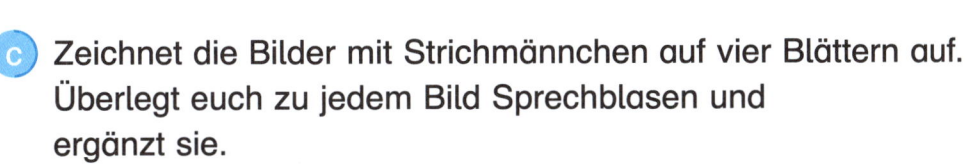

d) Stellt eure Bilder stumm nach. Wenn möglich, fotografiert die Szenen, druckt sie aus und fügt Sprechblasen ein.

Ein **Podcast** ist wie eine Radiosendung, die du **jederzeit und überall hören** kannst. Es gibt Podcasts **zu vielen verschiedenen Themen** wie zum Beispiel Musik, Sport und Wissenschaft, aber auch Hörspiele und Nachrichten. Du kannst sie auf einem Computer, Tablet oder Smartphone anhören.

1 Die Klasse 4a hat eine Projektwoche zum Thema Podcasts gemacht. Lies, zu welchen Themen die Kinder Podcasts erstellt haben.

> Wir haben einen Podcast zum Thema Fußball gemacht. Dabei geht es um unsere Lieblingsvereine und die Spiele unserer eigenen Mannschaft.

> In meinem Podcast geht es um Hunde. Darin erzähle ich von meinen Erlebnissen mit Imo.

> Wir haben einen Podcast als beste Freunde gemacht. Darin unterhalten wir uns über lustige und spannende Ereignisse aus unserem Leben.

2 Überlegt, welchen Podcast aus ① ihr gern hören würdet. Begründet.

3 Plane einen eigenen Podcast.
Notiere Stichpunkte zu folgenden Fragen:

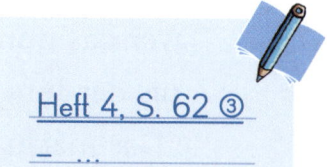

Heft 4, S. 62 ③
– …

- Um welches Thema soll es in deinem Podcast gehen?
- Warum möchtest du gerade über dieses Thema sprechen?
- Möchtest du den Podcast allein, zu zweit oder in einer Gruppe aufnehmen?
- Welche Ideen hast du für die ersten drei Folgen?
- Wie oft möchtest du eine neue Folge veröffentlichen?
- Wie lange soll eine Folge ungefähr dauern?

4 Stellt euch gegenseitig eure Podcast-Ideen aus ③ vor.
Tauscht euch aus, welche Podcasts ihr gern hören würdet.

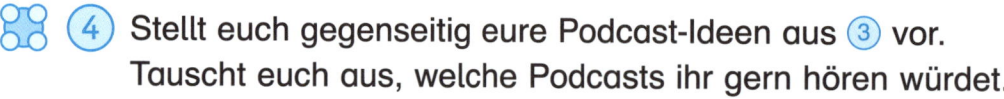

Lernportion 8: Texte gestalten und präsentieren

Plenum: sich über eigene Podcast-Erfahrungen austauschen und sich gegenseitig Empfehlungen geben
MK-Tipp: sich mit Hilfe einer Suchmaschine über das Aufnehmen und Veröffentlichen von Podcasts informieren
MK: einen Podcast planen

> In einem **Hörspiel** wird eine **Geschichte mit Tönen und Klängen** erzählt.
> Ein **Erzähler** oder eine Erzählerin beschreibt die Handlungen.
> Die **wörtliche Rede** wird mit verteilten Rollen gesprochen.
> **Geräusche** und **Musik** erzeugen Stimmungen, zum Beispiel Spannung.

① Lest das kurze Hörspieldrehbuch mit verteilten Rollen.
Überlegt, wie und womit ihr die passenden Geräusche machen wollt.

Erzähler: Es ist Mitternacht. *Uhr schlägt zwölf Mal*
Die dunklen Gassen sind nur spärlich
von einigen Straßenlaternen beleuchtet.
Ein Mann kommt um die Ecke.
Er läuft, als ginge es um sein Leben. *schnelle Schritte, lauter werdend, Keuchen*

Erzähler: Wenige Meter hinter ihm
folgt eine dunkle Gestalt. Sie versucht, *weitere schnelle Schritte kommen dazu*
den Mann einzuholen.

Erzähler: Ein Polizeiauto rast um die Ecke
und hält mit quietschenden Bremsen. *Bremsen quietschen*

Erzähler: Ein Polizist reißt die Tür auf,
springt aus dem Wagen und stellt
sich dem Verfolger in den Weg.

Polizist *(streng)*: „Halt!
Bleiben Sie sofort stehen!"

> Ihr könnt
> die Geräusche
> auch auf andere Art
> erzeugen.

Erzähler: Doch der Verfolger schiebt
ihn zur Seite.

Verfolger *(wütend)*: „Aus dem Weg!
Wer zuletzt zu Hause ist, muss morgen
das Geschirr abwaschen!" *noch schnellere Schritte, die sich entfernen*

② Nehmt die Szene aus ① als Hörspiel auf.
Achtet dabei auf die passenden Geräusche.

Themenheft 4
Lesen – mit Texten und weiteren Medien umgehen

Herausgegeben von:	Roland Bauer, Jutta Maurach
Erarbeitet von:	Wiebke Gerstenmaier, Sonja Grimm in Zusammenarbeit mit der Redaktion Grundschule Deutsch 2–4
Begutachtung:	Katrin Bertram (Brandenburg), Astrid Dittberner (Niedersachsen), Claudia Hoeschen (Schleswig-Holstein), Martin Leeb (Schleswig-Holstein), Alexandra Mangold (Baden-Württemberg), Yannick Rösch (Schleswig-Holstein), Simone Schick (Nordrhein-Westfalen)
Redaktion:	Kristina Fischer, Sabine Gerber, Milena Lemke, Martina Schramm
Illustration:	Yo Rühmer, Frankfurt am Main
Umschlag:	Cornelia Gründer, Corngreen GmbH, Leipzig (Gestaltung); Yo Rühmer, Frankfurt am Main (Illustration)
Layout und technische Umsetzung:	lernsatz.de

wwww.cornelsen.de

1. Auflage, 1. Druck 2024

Alle Drucke dieser Auflage sind inhaltlich unverändert
und können im Unterricht nebeneinander verwendet werden.

© 2024 Cornelsen Verlag GmbH, Berlin

Druck: ppm Fulda GmbH & Co. KG, Fulda

ISBN 978-3-464-80351-6 (Themenheft 4, Leihmaterial)

PEFC-zertifiziert
Dieses Produkt stammt
aus nachhaltig
bewirtschafteten Wäldern,
Recycling und
kontrollierten Quellen
PEFC
PEFC/04-31-1308   www.pefc.de